AF723384

Giovanni Ciani · Timea Thomas

Alltagstauglich **Deutsch**

DEUTSCH-ITALIENISCH
TEDESCO-ITALIANO

Frasi utili per tutti i giorni

Hueber Verlag

Ein kostenloser MP3-Download zum Buch ist unter
www.hueber.de/audioservice erhältlich.
© 2018 Hueber Verlag GmbH & Co. KG, München, Deutschland
Alle Rechte vorbehalten.
Sprecher: Giovanni Ciani, Katharina Schwarzmaier
Produktion: Tonstudio Langer, 85375 Neufahrn bei Freising, Deutschland

MP3 scaricabili gratuitamente:
www.hueber.de/audioservice

Der Verlag weist ausdrücklich darauf hin, dass im Text enthaltene externe Links vom Verlag nur bis zum Zeitpunkt der Buchveröffentlichung eingesehen werden konnten. Auf spätere Veränderungen hat der Verlag keinerlei Einfluss. Eine Haftung des Verlags ist daher ausgeschlossen.

Das Werk und seine Teile sind urheberrechtlich geschützt. Jede Verwertung in anderen als den gesetzlich zugelassenen Fällen bedarf deshalb der vorherigen schriftlichen Einwilligung des Verlags.

Hinweis zu § 52a UrhG: Weder das Werk noch seine Teile dürfen ohne eine solche Einwilligung überspielt, gespeichert und in ein Netzwerk eingespielt werden. Dies gilt auch für Intranets von Firmen, Schulen und sonstigen Bildungseinrichtungen.

Eingetragene Warenzeichen oder Marken sind Eigentum des jeweiligen Zeichen- bzw. Markeninhabers, auch dann, wenn diese nicht gekennzeichnet sind. Es ist jedoch zu beachten, dass weder das Vorhandensein noch das Fehlen derartiger Kennzeichnungen die Rechtslage hinsichtlich dieser gewerblichen Schutzrechte berührt.

3. 2. 1. | Die letzten Ziffern
2022 21 20 19 18 | bezeichnen Zahl und Jahr des Druckes.
Alle Drucke dieser Auflage können, da unverändert, nebeneinander benutzt werden.
1. Auflage
© 2018 Hueber Verlag GmbH & Co. KG, München, Deutschland
Umschlaggestaltung: Sieveking · Agentur für Kommunikation, München
Coverfoto: © Getty Images/iStock/AleksandarNakic
Illustrationen: Adrian Sonnberger, www.die-illustration.de
Redaktion: Stephanie Pfeiffer, Hueber Verlag, München
Co-Autor: John Stevens, Solingen
Layout und Satz: Sieveking · Agentur für Kommunikation, München
Druck und Bindung: Kessler Druck + Medien GmbH & Co. KG, Bobingen
Printed in Germany
ISBN 978-3-19-367933-8

Art. 530_24759_001_01

INTRODUZIONE

Parlare con sicurezza e proprietà di linguaggio in molte situazioni della vita quotidiana: ecco quello che Vi offre Alltagstauglich Deutsch. Troverete qui autentiche espressioni idiomatiche, domande e risposte a molti temi di argomento quotidiano con l'obiettivo di poter iniziare facilmente una conversazione in tedesco e proseguirla con scioltezza. Il libro si presta sia come studio da autodidatti, sia per rinfrescare o migliorare le conoscenze del tedesco o semplicemente come un buon accompagnatore durante i Vostri viaggi.

Le due pagine seguenti offrono una panoramica dei temi trattati. Ogni capitolo principale (A, B, C ...) contiene quattro sottocapitoli (1, 2, 3, 4 ...) relativi al tema trattato. I sottocapitoli sono strutturati in forma tabellare (tedesco - italiano) e occupano rispettivamente due pagine. Nella colonna a margine trovate indicazioni relative all'uso linguistico. Alla fine di ogni sottocapitolo nella rubrica "Bene a sapersi!" troverete informazioni interessanti relative alla lingua, alla civiltà e alle competenze interculturali.

Il libro è completato da una lista delle più importanti cose da fare o da evitare per una conversazione di successo (risvolto di copertina anteriore), da indicazioni sul linguaggio del corpo (da pagina 110), da un breve confronto fra *du* e *Sie* con una breve sintesi di alcune forme irregolari del *du* al presente (p. 112) così come da un'introduzione allo spelling (risvolto di copertina posteriore).

All'indirizzo www.hueber.de/audioservice potrete scaricare gratuitamente un MP3 con tutte le frasi ed espressioni presenti nel libro. Potrete così imparare ed esercitare comodamente la giusta pronuncia anche in viaggio.
Ancora un paio di consigli su come imparare con questo libro:

- in Germania si dà del *du* o del *Sie* a seconda della situazione e della relazione sociale o generazionale. In appendice (p. 112) troverete inoltre una tabella esplicativa così come una breve sintesi grammaticale. Nelle frasi prese ad esempio vengono usate alternativamente entrambe le forme. Gli esempi con la forma del *du* possono ovviamente essere formate con la forma del *Sie* e viceversa.
- i testi italiani rappresentano delle espressioni idiomatiche equivalenti e non delle traduzioni letterali. Le peculiarità del tedesco, cui dovreste prestare attenzione, vengono spiegate più precisamente a margine.
- le espressioni e i concetti alternativi vengono stampati in corsivo.
- ♂ = forma maschile / ♀ = forma femminile

Gli autori e la casa editrice vi augurano molto successo!

A

Salutare, presentarsi e congedarsi

In tedesco ci si rivolge a un uomo con la formula *Herr* ... (+ cognome), a una donna con *Frau* ... (+ cognome), indipendentemente dal loro stato civile. La formula *Fräulein*, che un tempo veniva usata per una donna nubile passa ormai per antiquata e può apparire addirittura scortese.

1 Die erste Begegnung
Il primo incontro

Herr / Frau / Frau Weber?	*Signor / Signora / Signorina* Weber?
Entschuldigung, sind Sie (zufällig) Herr Becker?	Scusi, (per caso) Lei è il signor Becker?
Sie müssen *Herr / Frau / Frau* Kraus sein.	Lei è sicuramente *il signor / la signora / la signorina* Kraus.
Guten Tag. / Guten Abend.	*Buongiorno. / Buonasera.*
Freut mich, Sie kennenzulernen.	Piacere di conoscerLa.
Es ist schön, Sie (endlich) persönlich zu treffen.	Che bello poterLa conoscere (finalmente) di persona.
Willkommen in München.	Benvenuto / Benvenuta a Monaco.
Wollen wir uns duzen?	Vogliamo darci del tu?
Ja gerne, ich bin Dirk.	Sì, con piacere, io sono Dirk.
Danke, dass du mich abholen kommst.	Grazie di essere venuto / venuta a prendermi.
Gern (geschehen).	Non c'è di che.
Hatten Sie einen guten Flug?	Il volo è andato bene?
Wie war die Reise?	Com'è andato il viaggio?
Ich stand im Stau.	Sono rimasto bloccato / rimasta bloccata in un ingorgo.
Ich wurde etwas aufgehalten.	C'è stato un piccolo ritardo.
Es gab ein Problem mit ...	C'è stato un problema con ...

Alles ist gut gelaufen.	È andato tutto bene.
Kann ich Ihnen mit *dem Gepäck / dem Koffer* helfen?	Posso darLe una mano a portare *i bagagli / la valigia*?
Soll ich die Tasche nehmen?	Devo prendere la borsa?
Lassen Sie mich ... tragen.	Mi permetta di portare ...
Das ist sehr nett von *Ihnen / dir.*	Molto gentile da parte *Sua / tua*.
Danke, das ist sehr freundlich.	Grazie, molto gentile.
Danke(, nein). Ich schaffe das schon.	No, grazie. Ce la faccio da solo / sola.
Wollen wir gehen?	Vogliamo andare?
Hier (ent)lang, es ist nicht weit.	Da questa parte, non è lontano.
Wir nehmen ein Taxi.	Prendiamo un taxi.
Wir müssen *die Bahn / die U-Bahn / den Bus* nehmen.	Dobbiamo prendere *il treno / la metropolitana / l'autobus*.
Es sind etwa ... Minuten.	Ci vogliono circa ... minuti.
Wir brauchen *eine halbe Stunde / eine Stunde*.	Ci vuole *mezz'ora / un'ora*.
Mein Auto steht direkt *gegenüber / vorm Eingang*.	La mia macchina è proprio *qui di fronte / davanti all'ingresso*.
Das Auto steht auf dem Parkplatz.	La macchina è nel parcheggio.

Gepäck designa tutti gli oggetti che si portano in viaggio. Il sostantivo viene usato solo al singolare: si dice p.e. *ich habe viel Gepäck dabei*, ma non ~~*ich habe viele Gepäcke dabei*~~. Si dice invece: *Ich habe viele Gepäckstücke dabei.* La parola ***Koffer***, al contrario è numerabile – ***der*** *Koffer* (singolare) e ***die*** *Koffer* (plurale).

Bene a sapersi!
A seconda dell'ora del giorno si può salutare dicendo *(Guten) Morgen* (fino a mezzogiorno), *(Guten) Tag* o *(Guten) Abend* (a partire dal calare della sera). *Gute Nacht* si impiega come saluto prima di andare a dormire. Nella lingua colloquiale si può omettere *Gute(n)*. Esistono differenze regionali. In Baviera e in Austria p.e. si utilizza tutto il giorno *Grüß Gott*, mentre nella Germania del Nord è più usuale *Moin, moin*. In molte situazioni (fra amici, vicini, ma anche al supermercato) anche gli adulti usano spesso semplicemente un *Hallo*.

A

Salutare, presentarsi e congedarsi

2 Sich wieder treffen
Incontrarsi di nuovo

Hallo Claudia!	Ciao, Claudia!
Schön, dich wiederzusehen.	Che bello rivederti.
Es freut mich auch.	Anche a me fa piacere rivederti.
Wie geht's (dir so)?	Come stai?
Wie geht es Ihnen.	Come sta?
Gut. / Sehr gut.	*Bene. / Benissimo.*
Lange nicht gesehen.	È un sacco (di tempo) che non ci vediamo.
Wie lange ist das her?	Da quant'è che non ci vediamo?
Das letzte Mal war …	L'ultima volta è stato …
Du hast dich überhaupt nicht verändert.	Non sei cambiato / cambiata per niente.
Mich wundert's, dass du mich überhaupt noch wiedererkennst.	Mi sorprende che tu mi riconosca ancora.
Ich habe *ein paar Haare verloren / ein bisschen zugenommen.*	Ho *perso qualche capello / preso qualche chilo.*
Du hast abgenommen.	Sei dimagrito / dimagrita.
Du trägst die Haare anders.	Hai una pettinatura diversa.
Es steht dir.	Ti sta bene.
Du siehst toll aus.	Hai un bell'aspetto.
Du hast also noch zu *mir / uns* gefunden.	Insomma sei riuscito / riuscita a trovare la strada.

Wie geht's? è l'abbreviazione di *Wie geht es …?* Nel tedesco colloquiale il pronome *es* viene frequentemente abbreviato in *s*. Nella lingua scritta la *e* omessa viene sostituita da un apostrofo (').

mich wundert's = mich wundert es

In tedesco *die Haare* (plurale) e *das Haar* (singolare) possono essere utilizzati come sinonimi: *Du trägst die Haare kurz.* (Porti i capelli corti.) o *Sie trägt das Haar offen.* (Lei porta i capelli sciolti.)

War's schwierig, hierher zu finden?	È stato difficile arrivare fin qui?
Es ist wirklich schön, dich wiederzusehen.	Che piacere rivederti!
Ich freue mich wirklich sehr, dass *du es geschafft hast / es geklappt hat.*	Mi fa molto piacere che *tu ce l'abbia fatta / abbia funzionato.*
Ich kann dir gar nicht sagen, wie sehr du mir gefehlt hast.	Non so dirti quanto mi sei mancato / mancata.
Gibt's was Neues?	Ci sono novità?
Es hat sich viel getan.	Sono successe tante cose.
Es ist eigentlich alles beim Alten geblieben.	È rimasto praticamente tutto come prima.
Ich weiß nicht mehr genau, wann du das letzte Mal hier warst.	Non mi ricordo più precisamente quando sei stato / stata qui l'ultima volta.
Wie geht's Susi?	Come sta Susi?
Wie geht's Martin und Sandra?	Come stanno Martin e Sandra?
Rebecca freut sich (sehr) darauf, dich *wiederzusehen / kennenzulernen.*	Rebecca sarà (molto) contenta *di rivederti / di fare la tua conoscenza.*
Es gibt jemanden, der es kaum erwarten kann, dich kennenzulernen.	C'è una persona che non vede l'ora di conoscerti.
Das kommt mir alles sehr bekannt vor.	Mi sembra tutto molto familiare.
Das ist jetzt alles anders.	È cambiato proprio tutto.

Al posto della lunga espressione *Es ist wirklich schön, dass ich dich wiedersehe,* in tedesco si preferisce abbreviare con una frase infinitiva con *zu*: *Es ist wirklich schön, dich wiederzusehen.*

... dich wiederzusehen / kennenzulernen: sono anche frasi infinitive abbreviate (vedi sopra).

Bene a sapersi!
In tedesco domande relative allo stato di salute non si fanno solo per cortesia bensì per autentico interesse. Perciò risulta del tutto "normale" se alla domanda *Wie geht's dir?* non si risponde solo con un cortese *Gut, danke*, bensì raccontando di eventuali problemi o malanni: *Ich habe eine Operation hinter mir und muss mich daher schonen.* (Mi hanno operato da poco e perciò devo riguardarmi.)

A

Salutare, presentarsi e congedarsi

In contesti formali o professionali continua a rimanere poco frequente presentare solo con il nome le persone cui normalmente diamo del Lei. Nelle trasmissioni televisive tuttavia ci si rivolge alle candidate e ai candidati usando il nome, pur continuando a dar loro del Lei.

Quando si presenta una persona si utilizza la forma singolare del verbo *sein*: *Das ist Rebecca.* Nel caso si tratti di più persone si utilizza la forma plurale: *Das sind Rebecca und Martin.*

In tedesco i sostantivi femminili di persone terminano generalmente in *-in*: *Freundin, Partnerin, Nachbarin.*

3 Sich untereinander bekannt machen
Fare le presentazioni

Kennen Sie Herrn Schröder schon?	Conosce il signor Schröder?
Haben Sie schon meine Kollegin Irene kennengelernt?	Ha già fatto la conoscenza della mia collega Irene?
Kennst du hier irgendjemanden?	Conosci qualcuno qui?
Komm, ich stelle dir Anna vor.	Vieni, ti presento Anna.
Ich möchte Sie gerne mit Tina Vogt bekannt machen.	Vorrei farLe conoscere Tina Vogt.
Darf ich Ihnen Max Huber vorstellen?	Le posso presentare Max Huber?
Das ist mein Sohn Mark.	Questo è mio figlio Mark.
Das sind Rebecca und Martin.	Questi sono Rebecca e Martin.

Das ist ...	Questo / Questa è ...
... mein Partner / meine Partnerin.	*... il mio compagno / la mia compagna.*
... mein (fester) Freund / meine (feste) Freundin.	*... il mio ragazzo / la mia ragazza.*
... mein Mann / meine Frau / mein Sohn / meine Tochter.	*... mio marito / mia moglie / mio figlio / mia figlia.*
Das ist Peter Pfister.	*Le / Ti* presento Peter Pfister.
Er / Sie ist ...	(*Lui / Lei*) è ...
... ein Kollege / eine Kollegin von mir.	*... un mio collega / una mia collega.*
... mein Chef / meine Chefin.	... il mio capo.

... *ein guter Freund / eine gute Freundin* von mir.	... *un mio caro amico / una mia cara amica.*
... *unser Nachbar / unsere Nachbarin.*	... *il nostro vicino / la nostra vicina.*
Wir kennen uns noch nicht, oder?	Non ci conosciamo ancora, vero?
Sind wir uns nicht schon einmal begegnet?	Non ci siamo già incontrati una volta?
Darf ich mich vorstellen?	Posso presentarmi?
Ich habe schon *viel / so viel* über Sie gehört.	Ho già sentito parlare *molto / così tanto* di Lei.
Haben wir nicht schon miteinander telefoniert?	Non ci siamo già sentiti al telefono?
Ihr Gesicht / Ihre Stimme kam mir gleich bekannt vor.	Ho riconosciuto subito *la Sua faccia / la Sua voce.*
Ich wusste, dass wir uns bereits irgendwo begegnet sind.	Sapevo che ci eravamo già visti / viste da qualche parte.
Leider kann ich mir Namen ganz schlecht merken.	Purtroppo ho grandi difficoltà a ricordarmi i nomi.
Ich denke, hier liegt ein Missverständnis vor.	Penso che si tratti di un equivoco.
Ich glaube, Sie verwechseln mich mit jemand anderem.	Credo che Lei mi confonda con qualcun altro.
Ach, Entschuldigung. Sie sehen *ihm / ihr* sehr ähnlich.	Oh, mi scusi, ma *gli / le* somiglia tantissimo.

Se non si è del tutto sicuri della propria affermazione, alla fine della frase si può aggiungere la congiunzione *oder?*, che in questo caso attenua il peso dell'affermazione, trasformandola in una domanda.

Bene a sapersi!
In tedesco si differenzia fra *ein Freund* o *eine Freundin* (una persona molto vicina) e *ein Bekannter / eine Bekannte* (un(a) conoscente).
A seconda del contesto Freund(in) può avere un doppio significato:
Anne ist meine beste Freundin. (Anne è la mia migliore amica.)
Jan hat seiner Freundin einen Heiratsantrag gemacht. (Jan ha fatto una proposta di matrimonio alla sua ragazza / fidanzata.)

A

Salutare, presentarsi e congedarsi

4 Sich verabschieden
Congedarsi

Le formule di saluto *Hallo* e di congedo *Tschüss* si possono ormai utilizzare in moltissime situazioni. Non importa se ci si congeda da amici o se invece si ha di fronte una vicina anziana o la cassiera del supermercato: con *Hallo* e *Tschüss* non si sbaglia praticamente mai.

(Auf) Wiedersehen.	*Arrivederci. / ArrivederLa.*
Tschüss.	Ciao.
Bis bald.	A presto.
Pass auf dich auf.	Abbi cura di te.
Bis nächsten Freitag.	A venerdì prossimo.
Es war schön, dich wiederzusehen.	Mi ha fatto piacere rivederti.
Es hat mich (sehr) gefreut, Sie kennenzulernen.	Mi ha fatto (molto) piacere fare la Sua conoscenza.
Ich freue mich darauf, Sie bald wiederzusehen.	Mi farebbe piacere rivederLa presto.
Ich hoffe, wir sehen uns bald wieder.	Spero che ci potremo rivedere presto.
Wir sehen uns dann im Deutschkurs, wenn nicht früher.	Allora, se non prima, ci vediamo al corso di tedesco.
Guten Flug!	Buon volo!
Ich hoffe, dass alles gut geht.	Spero che vada tutto bene.
Schick mir eine SMS, wenn es irgendwelche Probleme gibt.	Mandami un SMS se c'è qualche problema.
Ruf kurz durch, wenn du zu Hause bist.	Dammi un colpo di telefono quando sei a casa.
Gib mir Bescheid, wenn du angekommen bist.	Fammi sapere quando arrivi.
Liebe / Viele Grüße an Carsten.	*Cari / Tanti* saluti a Carsten.
Grüß mir Florian.	Saluta Florian da parte mia.

Guten Flug! si augura a qualcuno che sta per prendere l'aereo. Se invece qualcuno parte in macchina, in pullman o in treno si augura *Gute Fahrt!*

Grüßen Sie Ihre Frau von mir.	Saluti Sua moglie da parte mia.
Lass uns in Kontakt bleiben.	Restiamo in contatto.
Vergiss nicht, mir Bescheid zu geben, wenn du wieder einmal in der Gegend bist.	Non ti dimenticare di avvisarmi quando passi di qui la prossima volta.
Wir haben immer ein Bett frei.	C'è sempre un letto libero.
Du kannst jederzeit vorbeischauen.	Puoi passare quando vuoi.
Sie sind uns immer willkommen, das wissen Sie.	È sempre il benvenuto / la benvenuta, Lei lo sa.

Ci sono molte formule per trasmettere verbalmente saluti a un'altra persona. Spesso cambia il caso: ***jemanden grüßen*** (accusativo): *Grüße **sie** von mir.* ***jemandem (schöne) Grüße ausrichten*** (dativo): *Richte **ihr** bitte schöne Grüße aus.*

Es tut mir leid, aber ich muss (bald) gehen.	Mi dispiace ma (tra poco) devo andarmene.
Ich muss jetzt leider los.	Adesso purtroppo devo andarmene.
Es wird Zeit zu gehen.	È ora di andare.
Es ist Zeit, dass ich mich auf den Weg mache.	È ora di mettersi in marcia.
Ich muss los.	Devo andarmene.
Nein, ich muss jetzt wirklich gehen.	No, adesso devo proprio andare.

*Ich muss los **(losmüssen)*** è l'abbreviazione colloquiale di *Ich muss losgehen/-fahren.* Con ciò si esprime la necessità di doversene andare.

Bene a sapersi!
Spesso fra amici ci si abbraccia al momento del saluto e del congedo. In particolar modo le ragazze / donne si salutano o prendono congedo con due bacetti sulle guance. Gli uomini sono un po' meno effusivi: mentre si possono dare magari due bacini sulle guance ad amiche e conoscenti (uno per guancia) o anche abbracciarle, in genere amici e buoni conoscenti si salutano / prendono congedo con un'informale stretta di mano. Colleghi o compagni di studio si salutano e si congedano perlopiù senza contatto fisico. In situazioni più formali (riunioni o colloqui di lavoro, dal medico) si dà sempre la mano destra.

B

Le buone maniere: per favore, grazie... e tutto il resto

5 Bitte und danke
Per favore, grazie e prego

Einen Augenblick, bitte.	Un momento, per favore.
Benötigen Sie Hilfe? – Ja, gern.	Posso aiutarLa? – Sì, grazie.
Können Sie es bitte auf meine Zimmerrechnung setzen?	Lo può mettere cortesemente sul conto della mia camera?
Würden Sie mir bitte den Weg zeigen?	Mi potrebbe indicare la strada, per piacere?
Würden Sie bitte hier unterschreiben?	Potrebbe firmare qui, per cortesia?
Hätten Sie etwas dagegen, wenn ich *einen Freund / eine Freundin* mitbringe?	Ha qualcosa in contrario se porto *un amico / un'amica*?
Wären Sie bitte so freundlich, Ihr Auto umzuparken?	Sarebbe così gentile da spostare la Sua macchina?
Würde es Ihnen etwas ausmachen, hier zu warten?	Le dispiacerebbe aspettare qui?
Ob ich Sie wohl (freundlicherweise) darum bitten könnte, ...	Potrei (cortesemente) pregarLa di ...
Danke.	Grazie.
Besten Dank.	*Tante / Molte* grazie.
Vielen Dank.	Mille grazie.
Vielen herzlichen Dank.	Grazie di cuore.

La risposta cortese a una domanda del tipo *Benötigen Sie Hilfe?* può variare: *Ja, bitte. / Ja, gern. / Gern. / Das wäre sehr freundlich von Ihnen.* Se invece intendete rispondere negativamente, potete dire *Nein, danke.*

Altre formule per esprimere gratitudine e riconoscenza: *Dankeschön. / Danke vielmals. / Vielen lieben Dank.*

Möchten Sie noch etwas Kaffee? – (Nein,) danke.	Gradisce ancora del caffè? – No, grazie.
Könnte ich noch etwas Kaffee haben? – Aber natürlich, bitte sehr.	Potrei avere ancora del caffè? – Ma certamente, prego.
Danke. – Bitte.	Grazie. – Prego.
Danke. – Gern geschehen.	Grazie. – *Non c'è di che. / Di niente.*
Danke. – Jederzeit gern.	Grazie. – Sempre con grande piacere.
Sie waren mir eine große Hilfe.	Lei mi è stato / stata di grande aiuto.
Das ist sehr *freundlich / lieb* von dir.	Molto *gentile / carino* da parte tua.
So etwas habe ich mir schon immer gewünscht.	Ho sempre desiderato qualcosa del genere.

Se fate un gesto con la mano o scuotete la testa per comunicare che non desiderate accettare l'offerta di un'altra persona, potete tralasciare il *Nein* e rispondere solo con *Danke*. Nel caso in cui siano assenti dei segnali non verbali, è consigliabile rispondere con *Nein, danke*.

Bene a sapersi!

Bitte ha differenti significati:

- Potete chiedere qualcosa a qualcuno o invitare cortesemente qualcuno a fare qualcosa: *Können Sie mir bitte eine Tasse Tee bringen?* (Mi può portare una tazza di tè, per favore?)
- È una formula gentile per rispondere al ringraziamento di un'altra persona: *Danke für deine Hilfe. – Bitte.* (Grazie per il tuo aiuto. – Prego.)
- Potete utilizzare questa parola quando porgete qualcosa a un'altra persona: *Kann ich bitte deinen Radiergummi haben? – Bitte.* (Mi puoi dare la tua gomma? – Prego.)
- È un modo per segnalare cortesemente che non avete capito qualcosa: *Bitte? Was haben Sie gesagt?* (Come, scusi? Che cosa ha detto?)

B

Le buone maniere: per favore, grazie... e tutto il resto

6 Sich entschuldigen
Chiedere scusa

Tut mir leid.	Mi dispiace.
Es tut mir *wirklich / so / sehr / schrecklich* leid.	Mi dispiace *veramente / tanto / molto / terribilmente*.
Entschuldigung, ich habe Sie nicht gesehen.	Mi scusi, non L'avevo vista.
Ich wollte Sie nicht *verärgern / stören*.	Non volevo *irritarLa / disturbarLa*.
Entschuldigen Sie. / Entschuldige.	*Scusi. / Scusa.*
Entschuldigung, dass ich störe.	Chiedo scusa per il disturbo.
Entschuldigung, dass ich zu spät komme.	Chiedo scusa per il ritardo.
Ich bitte aufrichtig um Entschuldigung.	Chiedo sinceramente scusa.
Entschuldigen Sie mich, das war keine Absicht.	Mi scusi, ma non l'ho fatto apposta.
Ich verstehe nicht, wie das passieren konnte.	Non capisco come sia potuto succedere.
Das hätte nie passieren dürfen.	Non sarebbe dovuto succedere.
Das ist mir wirklich sehr peinlich.	È davvero molto imbarazzante per me.
Es scheint ein Missverständnis vorzuliegen.	Sembra che si tratti di un equivoco.
Es muss sich um einen Fehler handeln.	Si deve trattare di un errore.

Nel tedesco colloquiale si può chiedere scusa anche utilizzando il *sorry* inglese.

Nella lingua parlata *Entschuldigung* viene molto spesso abbreviato in *'Tschuldigung*.

peinlich = unangenehm

Es ist etwas schief gelaufen.	Qualcosa è andato storto.
Es gab ein richtiges Durcheinander.	C'è stato un vero e proprio caos.
Ich wusste nicht, dass Sie Besuch haben.	Non sapevo che Lei avesse ospiti.
Ich bin leider aufgehalten worden.	Purtroppo sono stato trattenuto / stata trattenuta.
So früh habe ich Sie gar nicht erwartet.	Non La aspettavo così presto.
Entschuldigung. – Kein Problem.	Scusi. – Non è un problema.
Das ist (völlig) in Ordnung.	Tutto (perfettamente) a posto.
Mach dir keine Sorgen!	Non ti preoccupare!
Das macht doch nichts.	Non fa niente.
Macht nix.	Non fa niente.
Ist doch egal.	Non importa.

leider = bedauerlicherweise

Nix è la variante colloquiale di *nichts*.

Bene a sapersi!
Se per caso pestate un piede a qualcuno o urtate involontariamente qualcuno in metropolitana, potete chiedere scusa dicendo *Entschuldigung!, Verzeihung!* o usando il *Pardon!* francese. Anche se vi capita di arrivare in ritardo a un appuntamento potete chiedere scusa dicendo *Entschuldigung*. Se vi capita di chiedere la strada a qualcuno, potete introdurre la domanda con *Entschuldigung, könnten Sie mir bitte …?* (Mi scusi, potrebbe gentilmente…?). Un commesso / Una comessa potrebbe offrire il proprio aiuto a un(a) cliente dicendo *Entschuldigung, kann ich Ihnen behilflich sein?* (Mi scusi, posso esserLe di aiuto?).

B

Le buone maniere: per favore, grazie... e tutto il resto

Le lingue (= sostantivi) in tedesco si scrivono con la maiuscola *(sie spricht Deutsch)*, ma non quando la stessa parola viene impiegata come aggettivo: *Tanja Kinkel ist deutsch.* (Tanja Kinkel è tedesca.) *Tanja Kinkel ist eine deutsche Autorin.* (Tanja Kinkel è un'autrice tedesca.)

zwei L = Doppel-L

In tedesco l'articolo per le singole lettere dell'alfabeto è *das*: *Das große S.* (La S maiuscola.) *„Sonne" schreibt man mit einem großen S.* ("Sole" si scrive con la S maiuscola.)

7 Können Sie das bitte wiederholen?
Può ripetere, per favore?

Sprechen Sie *Deutsch / Italienisch*?	Parla *tedesco / italiano*?
Ja, aber (leider) nur ein wenig.	Sì, ma (purtroppo) solo un poco.
Verstehen Sie (mich)? / Können Sie mir folgen?	(Mi) capisce?
(Ich) verstehe.	Capisco.
(Wie) bitte?	Come *scusa / scusi*?
Entschuldigung, ich verstehe (das) nicht.	*Scusa / Scusi*, non capisco.
Das habe ich leider nicht (ganz) mitbekommen.	Purtroppo non ho capito bene (tutto).
Entschuldigung, was haben Sie gesagt?	Scusi, che cosa ha detto?
Könnten Sie bitte etwas langsamer sprechen?	Potrebbe parlare un po' più lentamente, per favore?
Könnten Sie bitte etwas lauter sprechen?	Potrebbe parlare più forte, per favore?
Könnten Sie das bitte wiederholen?	Potrebbe ripetere, per cortesia?
Entschuldigung, wie war das Wort noch mal?	Scusi, può ripetere la parola?
Könnten Sie es mir bitte aufschreiben?	Me lo potrebbe scrivere, per gentilezza?
Ist das mit einem oder zwei L?	È con una o due L?
Ist das ein großes oder kleines S?	È una S maiuscola o minuscola?

Meinen Sie ...?	Intende dire ... ?
Was bedeutet ...?	Che cosa significa ...?
Ich kenne leider das deutsche Wort dafür nicht.	Purtroppo non conosco la parola tedesca corrispondente.
Wie heißt ... auf Deutsch?	Come si dice ... in tedesco?
Wie nennt man das auf Deutsch?	Come si chiama questo in tedesco?
Was sagt man auf Deutsch, wenn man einen Arzt braucht?	Che cosa si dice in tedesco quando si ha bisogno di un medico?
Wie lautet die *deutsche / italienische* Entsprechung?	Qual è l'equivalente *tedesco / italiano*?
Können Sie mir ein Beispiel nennen?	Mi può fare un esempio?
Wie spricht man dieses Wort aus?	Come si pronuncia questa parola?
Wie schreibt man das?	Come si scrive?
Wie buchstabiert man das?	Come si fa lo spelling?
Entschuldigung, ich glaube, ich habe mich falsch ausgedrückt.	Scusi, credo di essermi espresso male.
Ich versuche, es anders zu sagen.	Provo a dirlo con altre parole.
Was ich (eigentlich) sagen wollte, war ...	Quello che volevo dire (in realtà) era ...

Man si riferisce genericamente a persone senza definirle concretamente; *man* si scrive sempre con una sola *n* e con la minuscola (a meno che non si trovi all'inizio della frase). Nel caso si tratti solo di donne, nella lingua colloquiale si usa spesso *frau* (con la minuscola) al posto di *man*: *Was sollte frau machen, wenn sie sich langweilt?* (Che cosa dovrebbe fare una se si annoia?)

Bene a sapersi!
Se non siete sicuri di come si scrive una parola o un nome, non esitate a chiedere: *Könnten Sie das bitte buchstabieren?* (Potrebbe fare lo spelling?)
Se non capite certe parole, potete ricorrere alle lettere dell'alfabeto per lo spelling: *War das B wie Berta oder P wie Paula?* (Era B come Berta o P come Paula?) Ulteriori informazioni sull'alfabeto per lo spelling tedesco potete trovarle in terza di copertina.

B

Le buone maniere: per favore, grazie... e tutto il resto

8 Gespräche in Gang halten
Mantenere viva la conversazione

Ach so? / Ach wirklich?	Davvero?
Das ist ja interessant.	È davvero interessante.
Wie interessant.	Proprio interessante.
Das wusste ich nicht.	Non lo sapevo.
Davon habe ich noch nie etwas gehört.	Non ne ho mai sentito parlare.
Das ist ja *großartig / fantastisch / unglaublich*.	È proprio *magnifico / fantastico / incredibile*.
Ist das nicht einfach großartig?	Non è fantastico?
Nein, so was!	No, ma non mi dire!
Ach du meine Güte!	Oh, mio Dio!
Donnerwetter!	Perbacco!
Cool!	*Forte! / Bello!*
Ich weiß nicht, was ich sagen soll.	Non so che cosa dire.
Was ist dann passiert?	E poi che cosa è successo?
Wie haben Sie es herausgefunden?	Come lo ha scoperto?
Was hast du (dann) gemacht?	E tu (allora) che cosa hai fatto?
Wann sind Sie dann letztendlich angekommen?	E alla fine quando è arrivato / arrivata?
Das höre ich zum ersten Mal.	È la prima volta che ne sento parlare.
Wie schrecklich!	Terribile!

Nel tedesco colloquiale oltre a *großartig* e *fantastisch*, si utilizzano anche altri aggettivi con cui si può esprimere entusiasmo per qualcosa: *toll, spitze, super, genial, prima, klasse.*

letztendlich = schließlich

Das muss ja schwer gewesen sein.	Deve essere stato davvero difficile.
Das klingt ziemlich scheußlich.	A sentirlo sembra proprio orribile.
Was für eine ungewöhnliche Situation.	Che situazione strana!
Ich weiß nicht, was ich gemacht hätte.	Non so che cosa avrei fatto.
Ich finde immer, dass ...	Trovo sempre che ...
So etwas ist mir auch schon mal passiert.	Una cosa simile è successa anche a me.
So etwas bringt mich immer gleich auf die Palme.	Una cosa del genere mi manda subito in bestia.
Das kenne ich nur zu gut.	Lo so perfettamente anch'io.
Wie war das noch einmal?	Com'era quella storia?
Musstet ihr wirklich ...?	Avete davvero dovuto ...?
Und wie war die Reaktion?	E com'è stata la reazione?
Was hat sie denn *gesagt / getan*?	E lei che cosa ha *detto / fatto*?
Und das war's dann?	E poi è finita qui?

Oltre a *ziemlich,* nella lingua tedesca ci sono anche altri avverbi che esprimono il senso delle proporzioni: *Es ist recht / verhältnismäßig / relativ / einigermaßen kalt heute.*

Bene a sapersi!
Grazie a delle interiezioni potete manifestare interesse e altre emozioni, mantenendo così viva la conversazione: *Ach, du meine Güte!* (Oh, mio Dio!) e *Oh, das ist aber schade!* (Oh, che peccato!) esprimono sorpresa o stupore. *Tja, es musste so kommen.* (Eh sì, non poteva finire che così.) esprime fatalismo e scetticismo e con *Na ja, ich bin mal gespannt.* (Eh sì, sono curioso di vedere come va a finire.) si esprimono dubbio e incertezza.

C

Entrare in conversazione

9 Über die Herkunft sprechen
Parlare della provenienza

Und woher kommen Sie?	E Lei di dov'è?
Wo kommen Sie ursprünglich her?	Di dove è originario / originaria?
Welcher Landesteil ist das?	In quale regione è?
Lassen Sie mich raten: Sie sind *Neapolitaner / Neapolitanerin?*	Mi faccia indovinare: Lei è *napoletano / napoletana*?
Ich bin aus ...	Sono ...
... Italien.	... italiano / italiana.
... Deutschland.	... tedesco / tedesca.
... der Schweiz.	... svizzero / svizzera.
... einem Ort namens ...	... di una località che si chiama ...
Das liegt im *Norden / Süden / Osten / Westen.*	Si trova *al nord / al sud / a est / a ovest.*
Es liegt *nördlich / südlich / östlich / westlich* von Mailand.	Si trova *a nord / a sud / a est / a ovest* di Milano.
Es liegt *am Meer / am Rhein / an der Donau.*	Si trova *sul mare / sul Reno / sul Danubio.*
Es liegt in der Nähe von Rom.	Si trova vicino a Roma.
Es ist nicht weit (entfernt) von Florenz.	Non è molto lontano da Firenze.
Es liegt so etwa in der Mitte von Italien.	Si trova più o meno al centro dell'Italia.

Nelle domande di regola si inverte la posizione del soggetto e del verbo. Affermazione: *Sie sind Italiener.* Domanda: *Sind Sie Italiener?* Se alla fine della frase l'intonazione della voce sale, nella lingua parlata è anche possibile mantenere la stessa struttura sintattica dell'affermazione.

I fiumi in tedesco hanno generi diversi: è consigliabile quindi imparare il nome del fiume con l'articolo corrispondente.

Es ist *an / nahe* der Grenze zu Frankreich.	Si trova *al / vicino al* confine con la Francia.
Es ist ein winzig kleiner Ort.	È un paesino minuscolo.
Es ist mitten im Nirgendwo.	È fuori mano.
Sie haben wahrscheinlich nie davon gehört.	Probabilmente non ne ha mai sentito parlare.
Denken Sie sich nichts, wenn Sie nie davon gehört haben. Das hatte ich auch nicht, bis ich dahin gezogen bin!	Non si preoccupi se non ne ha mai sentito parlare. Anch'io non lo conoscevo prima di trasferirmi lì.
Mir gefällt es. Dort lässt es sich gut leben.	Mi piace. Ci si vive bene.
Die Gegend ist eher öde.	La zona è piuttosto solitaria.
Wo man Freunde hat, da fühlt man sich zu Hause, stimmt's?	Ci si sente a casa propria dove si hanno amici, non è così?
Ich bin gebürtig aus ...	Sono nato / nata a ...
Ursprünglich bin ich aus ...	Sono originario / originaria di ...
Ich wohne derzeit in Köln.	Attualmente vivo a Colonia.
Ich bin vor vier Jahren nach Hannover gezogen.	Mi sono trasferito / trasferita a Hannover quattro anni fa.
Sind Sie das erste Mal hier?	Lei è qui per la prima volta?
Ist das Ihre erste Reise nach Wien?	È il suo primo viaggio a Vienna?

Frankreich definisce il Paese in cui vivono i *Franzosen* (singolare: ♂ *der Franzose* / ♀ *die Französin*). Queste persone sono *französisch* (nazionalità, minuscolo) e parlano *Französisch* (lingua, maiuscolo).

stimmt's = stimmt es

Se la frase inizia con *ursprünglich* o con un altro avverbio, nella porzione di frase seguente si inverte la posizione di soggetto e verbo: invece di *Ursprünglich ~~ich bin~~ aus* ... si dirà correttamente: *Ursprünglich **bin ich** aus ...*

Bene a sapersi!
In tedesco tutti i nomi di Paesi hanno un genere grammaticale. La maggior parte dei Paesi ha un genere neutro – e per ragioni pratiche non hanno articolo: *Deutschland, Spanien, Frankreich, Italien* ecc. Fra i pochi nomi di Paesi di genere femminile si annoverano *die Schweiz, die Slowakei, die Türkei* e *die Ukraine*; fra quelli di genere maschile *der Irak, der Iran, der Libanon, der Niger* e *der Vatikan*. Anche i Paesi con nomi al plurale hanno un articolo, p. e. *die Niederlande, die Philippinen* e *die USA*.

C

Entrare in conversazione

10 Über das Wetter sprechen
Parlare del tempo

Segnali discorsivi che si aggiungono a una domanda sono: … *nicht wahr?* = … *oder?*

Con *schwül* i tedeschi associano subito uno spiacevole caldo umido. Attenzione: utilizzate *schwül* solo se sapete pronunciare perfettamente il suono *ü* con la dieresi. Nella lingua colloquiale la parola *schwul* (senza ü) definisce in realtà un omosessuale.

Le stagioni (*die Jahreszeiten*) in tedesco hanno sempre un articolo: *der Frühling, der Sommer, der Herbst, der Winter.*

Schöner Tag heute, nicht wahr?	Bella giornata oggi, vero?
Kein sehr schöner Tag heute.	Oggi non è affatto una bella giornata.
Was für ein wunderbarer Tag!	Che giornata meravigliosa!
Heute ist das Wetter besser als gestern.	Oggi il tempo è più bello di ieri.
Es ist so *heiß / kalt.*	Fa così *caldo / freddo.*
Es ist windig.	Tira vento.
Es ist sehr schwül heute.	Che giornata afosa oggi.
Dieser *Regen / Nebel* ist schrecklich, oder?	Questa *pioggia / nebbia* è tremenda, vero?
Wenigstens regnet es nicht.	Almeno non piove.
Es ist schön, mal wieder die Sonne zu sehen.	È bello rivedere il sole ogni tanto.
Wie ist das Wetter in dieser Jahreszeit normalerweise?	Di solito com'è il tempo in questa stagione?
Es ist oft so hier.	Spesso qui è così.
Wir haben nicht viel Schnee.	Non nevica molto.
Ich mag es (nicht), wenn es … ist.	(Non) mi piace quando c'è …
Ich mag *den Winter / die Kälte* überhaupt nicht.	*L'inverno / Il freddo* non mi piace per niente.
Ich liebe *den Frühling / die Sonne.*	Amo *la primavera / il sole.*
Ich vertrage die Hitze nicht.	Non sopporto il caldo.
Mir macht das nichts aus.	Per me è indifferente.

Der Frost war ganz schön knackig letzte Nacht.	C'è stata una bella gelata la notte scorsa.
Gestern hat es nur geschüttet.	Ieri è diluviato.
Sonne von morgens bis abends. Fantastisch!	Sole dalla mattina alla sera. Fantastico!
Besser / Schlimmer könnte es nicht sein.	*Meglio / Peggio* di così non potrebbe essere.
Wie ist die (Wetter-) Vorhersage?	Come sono le previsioni (del tempo)?
Es soll *sonnig sein / regnen / bewölkt sein.*	Dovrebbe *far bel tempo / piovere / essere nuvoloso.*
Sie haben Schnee vorhergesagt.	Si prevede neve.
Es soll *schlechter / wärmer / kälter* werden.	Dovrebbe *peggiorare / far più caldo / far più freddo.*
Es wird besser.	Migliorerà.
Es soll später *aufhellen / abkühlen.*	Più tardi dovrebbe *rasserenarsi / rinfrescare.*
Es sind ja nur drei Grad.	Ci sono solo tre gradi.
Es sind minus sechs Grad.	Ci sono sei gradi sotto zero.
Wir haben Temperaturen unter dem Gefrierpunkt.	Abbiamo temperature sotto lo zero.
Es sind über 30 Grad.	Ci sono più di 30 gradi.

Knackig descrive in senso stretto della verdura fresca e croccante: *Die Karotte ist knackig und frisch.* In senso figurato esprime un'intensificazione del significato e sostituisce spesso l'avverbio di modo *sehr: Es ist knackig kalt heute.*

Se non si sa con certezza come sarà il tempo in (un prossimo) futuro, si può esprimere una previsione in senso approssimativo utilizzando il verbo *sollen*: *Morgen soll es regnen.*

Bene a sapersi!

Al posto dell'avverbio *sehr* potete ricorrere a metafore e similitudini, per descrivere più precisamente l'intensità del caldo, del freddo o della pioggia:

- nel caso di grande calore: *Es ist sengend heiß. (sengen*: bruciare qualcosa con una fiamma)
- nel caso di freddo: *Es ist klirrend / eisig kalt.* (*klirren*: rumore prodotto da un vetro che va in frantumi cadendo a terra)
- nel caso di pioggia: *Es schüttet wie aus Eimern / Kübeln. (schütten* è un altro verbo per versare energicamente; *Eimer* e *Kübel* sono contenitori che si possono riempire con molta acqua)

C

Entrare in conversazione

Nella lingua colloquiale in sostituzione dell'avverbio ***sehr*** si può usare come rafforzativo il prefisso *top-* (come in *topfit* = in piena forma o *topgepflegt* = perfettamente curato) o *super-* (come in *superschnell* = velocissimo).
Il nuovo vocabolo si scrive sempre come una sola parola.

11 Nettigkeiten und Komplimente
Cortesie e complimenti

Das ist ...	È ...
... schön.	... bello / bella.
... wunderschön.	... meraviglioso / meravigliosa.
... großartig.	... eccezionale.
... fantastisch.	... fantastico / fantastica.
Du siehst *großartig / sehr gut* aus.	Hai un aspetto *magnifico / splendido*.
Du hast dich überhaupt nicht verändert.	Non sei cambiato / cambiata per niente.
Du siehst so jung aus wie eh und je.	Ti trovo in perfetta forma come sempre.
Die Farbe steht dir wirklich gut.	Questo colore ti sta proprio bene.
Was für eine wunderschöne Wohnung!	Che splendido appartamento!
Was für schöne Blumen!	Che bei fiori!
Was für eine herrliche Aussicht!	Che vista meravigliosa!
Dieser Ort hat eine tolle Atmosphäre.	In questo posto c'è un'atmosfera straordinaria.
Es ist so still und friedlich.	È veramente silenzioso e tranquillo.
Das ist köstlich.	È delizioso / deliziosa.
Das war ein tolles Abendessen.	È stata una cena straordinaria.
Ich habe lange nicht mehr so gut gegessen.	Da tanto tempo non mangiavo così bene.

Du musst mir unbedingt das Rezept verraten.	Mi devi proprio svelare il segreto della ricetta.
Das ist ein toller Wein.	È un vino fantastico.
Dein *Deutsch / Italienisch* ist wirklich gut.	Parli davvero bene *il tedesco / l'italiano*.
Wo haben Sie gelernt, so gut *Deutsch / Italienisch* zu sprechen?	Dove ha imparato a parlare così bene *il tedesco / l'italiano*?
Ich wünschte, ich könnte so gut Deutsch wie du.	Mi piacerebbe sapere il tedesco così bene come te.
Was für eine tolle Idee!	Che idea meravigliosa!
Was für ein originelles Geschenk.	Che regalo originale!
So etwas habe ich mir schon immer gewünscht.	Ho sempre desiderato qualcosa del genere.
Das wäre wirklich nicht nötig gewesen.	Non era davvero necessario.
Sie sind so *freundlich / hilfsbereit*.	Lei è così *gentile / disponibile*.
Ich weiß nicht, was ich ohne dich gemacht hätte.	Non so che cosa avrei fatto senza di te.
Sie waren mir eine riesige Hilfe.	Lei mi è stato / stata di grande aiuto.
Danke, dass Sie sich so viel Zeit für mich genommen haben.	Grazie di avermi dedicato così tanto tempo.

Das Rezept può essere sia le indicazioni per la preparazione di una pietanza che la prescrizione medica.

Nella lingua colloquiale il verbo modale *können* può sostituire l'espressione *sprechen können*: *Ich kann Deutsch (sprechen).*

Bene a sapersi!
I tedeschi passano per poco propensi a fare complimenti e vivono apparentemente secondo il vecchio adagio tedesco *Nicht gemeckert ist genug gelobt* (Chi non si lamenta ha lodato quanto basta). Ai complimenti i tedeschi reagiscono tendenzialmente in maniera autocritica e sono semmai propensi alla modestia.

C

Entrare in conversazione

12 Flirten
Flirtare

Wir kennen uns noch nicht, oder?	Non ci conosciamo ancora, vero?
Kann es sein, dass du neu hier bist?	Mi sbaglio o sei nuovo / nuova qui?
Haben Sie etwas dagegen, wenn ich mich zu Ihnen setze?	Ha qualcosa in contrario se mi siedo accanto a Lei?
Sind Sie allein hier?	È solo / sola qui?
Ich hoffe, ich störe nicht, aber ...	Spero di non disturbare, ma ...
Ich habe dich gesehen und musste einfach Hallo sagen.	Ti ho visto / vista e non ho potuto fare a meno di salutarti.
Sie haben ein wunder-schönes Lächeln.	Lei ha un bellissimo sorriso.
Sie haben eine so ansteckende Art zu lachen.	Il suo sorriso è proprio contagioso.
Du bist sehr hübsch.	Sei molto attraente.
Du hast wunderschöne Augen.	Hai degli occhi meravigliosi.
Ich glaube, ich bin noch nie jemandem begegnet, der ...	Credo di non aver mai incontrato nessuno che ...
Für was interessierst du dich?	Quali sono i tuoi interessi?
Welche Art von Musik magst du?	Che genere di musica ti piace?
Weißt du, ob es hier gute Lokale gibt?	Sai se ci sono dei bei locali in zona?

Non solo una malattia può essere contagiosa (*ansteckend*), ma lo possono essere anche le risate di una persona.

Was können Sie empfehlen?	Che cosa mi può consigliare?
Worauf hättest du Lust?	Di che cosa avresti voglia?
Darf ich Sie noch auf einen Drink einladen?	La posso invitare a bere ancora qualcosa?
Sie wollen schon gehen?	Vuole già andarsene?
Ich wollte auch gerade gehen.	Anch'io stavo per andarmene.
Darf ich mich dir anschließen?	Posso farti compagnia?
Ich gehe in dieselbe Richtung.	Io vado nella stessa direzione.
Wir könnten uns ein Taxi teilen.	Potremmo dividere un taxi.
Es war wirklich schön, Sie kennenzulernen.	Mi ha fatto davvero piacere fare la Sua conoscenza.
Ich würde dich sehr gern wiedersehen.	Mi farebbe molto piacere rivederti.
Sollen wir mal abends zusammen essen gehen?	Perché non andiamo a cena una di queste sere?
Hättest du Lust, diesen neuen Film zu sehen?	Avresti voglia di andare a vedere questo nuovo film?
Welche Uhrzeit würde dir passen?	A che ora ti andrebbe bene?
Soll ich dich abholen?	Devo passare a prenderti?

Quando si vuole offrire una bevanda alcolica, anche in tedesco si utilizza il termine inglese *Drink*: *Kann ich Ihnen einen Drink spendieren?*
Il verbo *spendieren* significa offrire a qualcuno una bevanda (alcolica) in un locale.

abends = am Abend

Bene a sapersi!
I tedeschi sono anche poco propensi al flirt. Solo chi è in cerca di un(a) partner flirta – e lo stesso flirtare è poi molto sottile, così come cantava nel 2003 la band rock tedesca *Wir sind Helden* nella canzone *Aurélie* a proposito del comportamento dei tedeschi riguardo al flirt: *Die Deutschen flirten sehr subtil* (I tedeschi flirtano in maniera molto sottile).

D

Conoscersi meglio

L'equivalente maschile di *Krankenschwester* è *Krankenpfleger*. In tedesco i nomi delle professioni femminili terminano perlopiù in *-in*: p. e. *Lehrerin*. Spesso la vocale radicale si modifica prendendo una dieresi: *Arzt → Ärztin*.

Ich bin im ... = Ich arbeite im Bereich ... La preposizione *in* è seguita in questo caso dal dativo: *die → in der; der* e *das → in dem* (abbreviato: *im*).

13 Über den Beruf sprechen
Parlare del lavoro

Was machen Sie beruflich?	Qual è la Sua professione?
Was für eine Arbeit haben Sie?	Che lavoro fa?
Ich bin Krankenpfleger / Krankenschwester.	Sono *infermiere / infermiera*.
Ich arbeite als ♂ Lehrer / ♀ Lehrerin.	Lavoro come insegnante.
Ich bin *in der IT-Branche / in der Chemieindustrie.*	Sono *nel settore informatico / nell'industria chimica.*
Ich arbeite bei einer Versicherungsgesellschaft.	Lavoro presso una compagnia di assicurazioni.
Ich arbeite / Ich bin bei einem Unternehmen namens ...	*Lavoro / Sono* in un'impresa che si chiama ...
Ich bin *im Marketing / in der Buchhaltung*.	Sono *nel marketing / in contabilità*.
Ich bin verantwortlich für ...	Sono responsabile per ...
Ich betreue ...	Mi occupo di ...
Ich leite ...	Dirigo ...
Ich bin selbstständig.	Lavoro in proprio.
Ich bin freiberuflich tätig.	Sono libero professionista.
Ich habe meine eigene Firma.	Ho la mia propria ditta.
Ich arbeite *Vollzeit / Teilzeit*.	Lavoro *a tempo pieno / part time*.
Ich bin noch in der Ausbildung.	Sto ancora facendo una formazione.
Ich bin Azubi.	Sono apprendista.
Ich mache ein Praktikum bei einem Architekturbüro.	Faccio uno stage presso uno studio di architettura.

Ich war sechs Monate arbeitslos.	Sono stato disoccupato / stata disoccupata per sei mesi.
Ich bin auf Arbeitssuche.	Sto cercando lavoro.
Ich bin im Ruhestand.	Sono in pensione.
Ich bin zu Hause *bei den Kindern / und pflege meine Mutter.*	Sto a casa *con i bambini / e mi prendo cura di mia madre.*
Mögen Sie Ihre Arbeit?	Le piace il Suo lavoro?
Ist es eine gute Firma?	È una buona ditta?
Ich arbeite gern dort.	Ci lavoro volentieri.
Es ist eine Herausforderung.	È proprio una sfida.
Es ist sehr befriedigend.	Dà molte soddisfazioni.
Die Bezahlung könnte natürlich besser sein.	La paga naturalmente potrebbe essere migliore.
Es ist *ziemlich / sehr* stressig.	È *piuttosto / molto* stressante.
Ich mache viele Überstunden.	Faccio molte ore di straordinario.
Zu viel Arbeit und nicht genug Leute.	Troppo lavoro e troppo poco personale.
Man muss dankbar sein, dass man überhaupt eine Arbeit hat.	C'è da ringraziare il cielo se si ha un lavoro.

L'aggettivo *arbeitslos* è connotato negativamente, tanto che una persona senza occupazione preferisce dire di se stessa: *Ich bin arbeitssuchend.*

Nella lingua colloquiale invece di *(die) Arbeit* si può dire anche *(der) Job* (pronuncia inglese): *Magst du deinen Job? Job* può significare anche una occupazione provvisoria o occasionale. In questo contesto si utilizza anche il verbo *jobben.*

Bene a sapersi!
Se si intende farsi una prima idea in un settore professionale, si può svolgere un *Praktikum* (plurale: *Praktika*) di alcune settimane o di qualche mese in un'azienda. Dopo aver terminato il percorso scolastico si entra come *Azubi* (abbreviazione per: *Auszubildende(r)*) in un'impresa e si può portare a termine una formazione professionale della durata di tre anni. La formazione professionale per diplomati e laureati di università o istituzioni accademiche dura da uno a due anni e si chiama *Volontariat* (in una casa editrice) o *Traineeprogramm* (in altri settori). I *Volontäre* (singolare: *Volontär*) ricevono una remunerazione per la loro attività.

D

Conoscersi meglio

14 Familie und Werdegang
Famiglia e curriculum

Ich bin in Apulien geboren und aufgewachsen.	Sono nato e cresciuto / nata e cresciuta in Puglia.
Ich bin in Foggia zur Schule gegangen.	Sono andato / andata a scuola a Foggia.
Ich bin mit meinen Eltern nach München gezogen.	Mi sono trasferito / trasferita a Monaco con i miei genitori.
Meine Eltern *haben sich getrennt / ließen sich scheiden*, als ich vier war.	I miei genitori *si sono separati / hanno divorziato* quando avevo quattro anni.
Mit 18 war ich mit der Schule fertig.	Ho terminato la scuola a 18 anni.
Ich bin nach der 10. Klasse abgegangen.	Dopo il biennio delle superiori ho abbandonato la scuola.
Ich *musste / musste nicht* zum Wehrdienst.	*Ho dovuto / Non ho dovuto* fare il servizio militare.
Ich habe statt Wehrdienst Zivildienst gemacht.	Invece del servizio militare ho fatto il servizio civile.
Ich habe einen Abschluss in Kunstgeschichte.	Ho una laurea in storia dell'arte.
Nach der Berufsausbildung habe ich zwei Jahre in München gearbeitet.	Dopo la formazione professionale ho lavorato per due anni a Monaco.
Ich habe auf ♂ Physiotherapeut / ♀ Physiotherapeutin umgeschult.	Mi sono riqualificato / riqualificata come fisioterapista.
Ich habe die Stelle gewechselt.	Ho cambiato posto di lavoro.
Ich habe keine Geschwister.	Non ho né fratelli né sorelle.

Dal luglio del 2011 in Germania non esiste più la *Wehrpflicht* (il servizio militare obbligatorio). È però possibile fare richiesta di servizio militare volontario. Un tempo si veniva semplicemente arruolati, ma si poteva essere esentati per ragioni di coscienza e svolgere un'attività presso una struttura sociale (*Zivildienst*).

Geschwister = sia sorelle che fratelli

Meine ältere Schwester lebt in den USA.	La mia sorella maggiore vive negli Stati Uniti.
Sie ist eigentlich meine Halbschwester.	In realtà è la mia sorellastra.
Meine Mutter hat wieder geheiratet.	Mia madre si è risposata.
Wir haben uns verliebt. Es war Liebe auf den ersten Blick.	Ci siamo innamorati. È stato amore a prima vista.
Wir sind (nicht) verheiratet.	(Non) siamo sposati.
Wir sind *seit sechs Jahren / seit 2012* zusammen.	Stiamo insieme *da sei anni / dal 2012*.
Wir wollten nicht heiraten.	Non volevamo sposarci.
Ich habe mich von Kai getrennt.	Mi sono separata da Kai.
Wir haben uns getrennt.	Ci siamo separati.
Die Beziehung ist auseinandergegangen.	La relazione è finita.
Die Ehe ist auseinander-gegangen.	Il matrimonio è finito.
Meine Ex(-Frau) / Mein Ex(-Mann) und ich verstehen uns immer noch.	*La mia ex moglie / Il mio ex marito* ed io andiamo ancora d'accordo.
Ich hatte eine Art Midlife-Crisis.	Ho avuto una specie di crisi di mezza età.
Ich habe keine Kinder.	Non ho figli.
Ich habe *eine Tochter / einen Sohn* (aus einer früheren Ehe).	Ho *una figlia / un figlio* (da un matrimonio precedente).
Sie / Er lebt bei der Mutter.	*(Lei / Lui)* vive con la madre.

die USA = die Vereinigten Staaten von Amerika = die Staaten (colloquiale)

Midlife-Crisis: il concetto inglese viene utilizzato anche in tedesco. Non esiste infatti un termine tedesco corrispondente.

Bene a sapersi!
Il fatto che due persone *heiraten* (si sposano) può essere espresso in maniere diverse:
- *Maria und Thorsten schließen den Bund fürs Leben.*
- *Sie vermählen sich.* (molto formale)
- *Sie geben sich das Ja-Wort.*

15 Alltag und Routine
Vita quotidiana

Alles läuft gut. Es ist immer etwas los.	Tutto va bene. C'è sempre qualcosa di nuovo.
Ich bin immer ziemlich beschäftigt.	Sono sempre piuttosto impegnato / impegnata.
Ich führe ein ziemlich hektisches Leben.	Faccio una vita piuttosto frenetica.
Ich habe immer etwas zu tun.	Ho sempre qualcosa da fare.
Ich habe ziemlich viel Stress.	Sono molto stressato / stressata.
Die meiste Zeit habe ich alles (mehr oder weniger) unter Kontrolle.	Riesco quasi sempre a tenere tutto (più o meno) sotto controllo.
Ich stehe / Ich wache früh auf und gehe spät ins Bett.	*Mi alzo / Mi sveglio* presto e vado a letto tardi.
Morgens geht es immer ziemlich hektisch zu.	La mattina è sempre piuttosto frenetica.
Morgens lasse ich es gern langsam angehen.	La mattina me la prendo comoda.
Ich habe einen langen Arbeitsweg.	Per andare al lavoro il viaggio è lungo.
Ich brauche anderthalb Stunden zur Arbeit.	Per andare al lavoro mi ci vuole un'ora e mezza.
Ich bringe die Kinder in den Kindergarten.	Porto i bambini all'asilo.
Ich fahre früh von zu Hause los, um den Verkehr zu vermeiden.	Parto presto da casa per evitare il traffico.
Der Zug ist meist *voll / verspätet*.	In genere il treno *è pieno / in ritardo*.

In tedesco *beschäftigt* si usa solamente per una persona.

Invece di *eineinhalb* i tedeschi preferiscono impiegare la forma *anderthalb*.

Ich esse gewöhnlich *in der Kantine / im Büro* zu Mittag.	Normalmente mangio *in mensa / in ufficio* a pranzo.	A mezzogiorno gli operai e gli impiegati mangiano nella *Kantine*. Gli studenti invece a mensa (*die Mensa*).
Mittags esse ich meist nur ein Brötchen.	A mezzogiorno mangio perlopiù un panino.	
Oft komme ich erst spät nach Hause.	Spesso torno a casa tardi.	
Ich habe nicht viel Zeit für mich.	Non ho molto tempo per me.	Attenzione alla preposizione: *Zeit für sich haben.*
Nachdem wir *die Kinder ins Bett gebracht / gegessen* haben, bleibt vom Abend nicht mehr viel übrig.	Dopo aver *portato i bambini a letto / cenato* la serata è quasi finita.	
Oft hocken wir uns einfach vor den Fernseher.	Spesso ci piazziamo semplicemente davanti alla televisione.	*sich (hin)hocken* (colloquiale) = *sich (hin)setzen*
Unter der Woche gehe ich nicht oft weg.	Durante la settimana non esco spesso.	
Ich gehe einmal die Woche *ins Fitness-Studio / zum Yoga*.	Una volta alla settimana vado *in palestra / a fare yoga*.	In un *Fitness-Studio* nel tempo libero si può fare sport agli attrezzi. Gli studenti delle scuole fanno ginnastica nella *Turnhalle*.
Ich habe mit Tangotanzen angefangen.	Ho iniziato un corso di tango.	
Am Samstag steht Einkauf, Haushalt und so weiter an.	Il sabato è il turno della spesa, delle faccende domestiche eccetera.	

Bene a sapersi!
A prendersi cura dei bambini da un anno circa fino a tre anni è una *Tagesmutter* (signora che si occupa dei bambini mentre i genitori lavorano) o una *Erzieherin* (educatrice infantile) in una *(Kinder-)Krippe* (asilo nido). A partire dal terzo anno di età i bambini entrano in un *Kindergarten*, dove restano fino all'ingresso a scuola a sei o sette anni. L'ultimo anno del *Kindergarten* si chiama spesso *Vorschule*. Se l'asilo nido e la scuola dell'infanzia si trovano sotto lo stesso tetto, si parla di una *Kita*.

D

Conoscersi meglio

16 Personen beschreiben
Descrivere persone

Wie ist *er / sie* denn so?	Com'è (*lui / lei*)?
Wie sieht *er / sie* aus?	Che aspetto ha?
Sie ist *groß / klein / mittelgroß*.	(Lei) è *alta / piccola / di media statura*.
Er ist *schlank / kräftig (gebaut)*.	(Lui) è *magro / robusto*.
Sie ist etwas *füllig / mollig*.	(Lei) è un po' grassottella.
Sie ist *gut aussehend / hübsch / schön*.	(Lei) è *attraente / carina / bella*.
Er sieht gut aus.	(Lui) è attraente.
Er / Sie ist in den Zwanzigern.	Ha una ventina d'anni.
Er / Sie ist über 30.	Ha più di 30 anni.
Er / Sie ist irgendwo in den Dreißigern.	È sulla trentina.
Er ist nicht mehr der Jüngste.	Non è più giovanissimo.
Er ist *mittleren Alters / schon älter*.	(Lui) è *di mezza età / già anziano*.
Sie ist auch nicht mehr ganz jung.	Nemmeno lei è più così giovane.
Sie hat *blaue / grüne / braune* Augen.	(Lei) ha gli occhi *azzurri / verdi / marroni*.
Sie hat *lange / kurze / mittellange / glatte / lockige* Haare.	(Lei) ha capelli *lunghi / corti / di media lunghezza / lisci / ricci*.
Sie ist *blond / brünett*.	(Lei) è *bionda / bruna*.
Er hat *dunkle / braune / graue / rote* Haare.	(Lui) ha capelli *scuri / castani / bianchi / rossi*.

In tedesco sia gli uomini che le donne possono essere *attraktiv* o *gut aussehend*. Gli aggettivi *schön* e *hübsch* sono riservati piuttosto alle donne e ai bambini. Sia *schön* che *hübsch* possono essere spesso enfatizzati a piacimento ricorrendo al prefisso *wunder-*: *wunderschön, wunderwunderschön, wunderwunderwunderhübsch*.

Er hat einen *Schnurrbart / Bart*.	Ha *i baffi / la barba*.
Sie trägt einen Pferdeschwanz.	(Lei) ha la coda di cavallo.
Er trägt eine Brille.	(Lui) porta gli occhiali.
Sie ist immer schick angezogen.	(Lei) è sempre vestita in maniera elegante.
Ihm ist sein Aussehen ziemlich egal.	Non gli importa molto del suo aspetto.
Sie sind immer ziemlich leger gekleidet.	Sono sempre vestiti in modo piuttosto casual.
Er ist ein wenig ungepflegt.	(Lui) è un po' trascurato.
Er ist ein richtig netter Kerl.	È davvero un tipo molto simpatico.
Sie ist sehr angenehm.	(Lei) è molto piacevole.
Er ist etwas schüchtern.	(Lui) è abbastanza timido.
Er ist (eher) ein Einzelgänger.	(Lui) è (semmai) un solitario.
Sie ist sehr kontaktfreudig.	(Lei) è molto socievole.
Er kennt Gott und die Welt.	Conosce un po' tutti.
Sie ist immer in Topform.	(Lei) è sempre in piena forma.

In tedesco *Brille* viene considerato come un oggetto unico anche se consiste in una montatura con due lenti. Per questo si utilizza al singolare. Con *Brillen* si designano invece due o più oggetti di questo tipo.

Di qualcuno che ha molti conoscenti si dice che conosce proverbialmente *Gott und die Welt.*

Bene a sapersi!
Una donna che porta i capelli lunghi ha *eine lange Mähne*. (Nella sua prima accezione *Mähne* definisce la criniera di un cavallo.) Se una donna raccoglie i suoi capelli dietro la testa con un elastico, si fa un *Pferdeschwanz*. Se porta i capelli lisci sulla fronte, allora ha un *Pony*. Mentre l'omonimo cavallino si chiama *das Pony* (in analogia con *das Pferd*), la frangetta è maschile: *der Pony*.

E

Inviti e appuntamenti

17 Einladungen
Inviti

Haben Sie heute Abend Zeit?	Ha tempo stasera?
Hast du *morgen / am Wochenende* schon etwas vor?	Hai già qualcosa in programma per *domani / il fine settimana*?
Ich bin nächste Woche in der Stadt und wollte fragen, ob wir uns treffen könnten.	La prossima settimana sono in città e volevo chiedere se ci possiamo incontrare.
Wir könnten abends mal zusammen essen.	Potremmo andare a cena una di queste sere.
Möchten Sie etwas trinken gehen?	Che ne direbbe di andare a bere qualcosa?
Wir wollen grillen.	Vogliamo fare una grigliata.
Willst du mitkommen?	Vuoi venire anche tu?
Wir haben ein paar Leute auf einen Drink eingeladen.	Abbiamo invitato un paio di persone a bere un bicchiere.
Wir feiern eine Party.	Facciamo una festa.
Was ist der Anlass?	Per quale occasione?
Nichts Besonderes.	Niente di speciale.
Ich habe Geburtstag.	È il mio compleanno.
Sie sind herzlich willkommen.	È cordialmente benvenuto / benvenuta.
Du kannst jederzeit vorbeischauen.	Puoi venire quando vuoi.
Es wäre toll, wenn du kommen könntest.	Sarebbe bellissimo se tu potessi venire.
Es würde uns sehr freuen, wenn Sie kommen könnten.	Ci farebbe molto piacere se Lei potesse venire.
Das ist sehr nett von Ihnen.	Molto gentile da parte Sua.

Etwas vorhaben è un verbo separabile e per questa ragione, in un'affermazione o in una domanda, il prefisso *vor* si colloca alla fine della frase: *Ich habe morgen etwas vor.*

Plurale: *die Partys*

Se *nichts* (–) e *etwas* (+) sono seguite da una parola, questa viene scritta con la maiuscola con l'aggiunta di *-es*: *Das ist nichts / etwas Besonderes.* Eccezione: *Das ist etwas anderes.*

Sehr gerne.	Molto volentieri.
Was für eine nette Idee!	Che idea carina!
Das wäre *sehr schön / toll / super*.	Sarebbe *molto bello / eccezionale / straordinario*.
Vielen Dank, aber ...	Molte grazie, ma ...
Ich habe leider keine Zeit.	Purtroppo non ho tempo.
Ich schaffe es leider nicht.	Purtroppo non ce la faccio a venire.
Ich muss *in meinem Kalender nachsehen / bei meiner Frau nachfragen*.	Devo *controllare la mia agenda / domandare a mia moglie*.
Ich glaube, wir haben da schon etwas vor.	Credo che abbiamo già qualcosa in programma.
Wir verreisen da.	Saremo in viaggio.
Ich bin beschäftigt.	Sono impegnato / impegnata.
Ich habe bereits eine andere *Verpflichtung / Verabredung*.	Ho già un altro *impegno / appuntamento*.
Schade! Wie wäre es stattdessen mit Sonntag?	Peccato! Che ne dici invece di domenica?
Vielleicht ein anderes Mal.	Magari un'altra volta.
Kein Problem.	Nessun problema.

Oltre a *leider* ci sono ancora altre possibilità per esprimere rincrescimento: ***Bedauerlicherweise** muss ich den Termin absagen.* (Purtroppo devo disdire l'appuntamento.) ***Tut mir wirklich leid,** aber am Sonntag habe ich keine Zeit.* (Mi dispiace, ma domenica non ho tempo.) ***Schade,** dass du nicht kommen kannst.* (Peccato che tu non possa venire.)

Bene a sapersi!
Se ricevete un invito in Germania, dovreste fare attenzione alla puntualità (*Pünktlichkeit*), insomma meglio arrivare da cinque a dieci minuti in anticipo che presentarsi in ritardo. Nel caso di un ritardo per un imprevisto rappresenta un gesto di cortesia fare una breve chiamata telefonica e scusarsi. Seguendo le indicazioni del galateo tedesco potreste portare dei fiori non troppo appariscenti, quindi non troppo profumati, per le signore e una bottiglia di vino per gli uomini. I regali di regola dovrebbero essere consegnati ai padroni di casa subito dopo i saluti. In occasione meno ufficiali, come p.e. un incontro informale con amici o per un invito per l'inaugurazione di un appartamento, non dovete portare regali, potete però chiedere prima per cortesia: *Soll ich etwas mitbringen?* (Devo portare qualcosa?)

E

Inviti e appuntamenti

18 Wann und wo?
Quando e dove?

An welchem Tag?	Che giorno?
Um wie viel Uhr?	A che ora?
Wann würde es Ihnen am besten passen?	Quando Le andrebbe meglio?
Welche Zeit wäre für Sie in Ordnung?	Che ora andrebbe bene per Lei?
Wie wäre es um acht?	Che ne dice delle otto?
Acht Uhr morgens oder (acht Uhr) abends?	Alle otto di mattina o (alle otto) di sera?
(Um) drei Uhr nachmittags.	Alle tre di pomeriggio.
(Um) fünfzehn Uhr.	Alle quindici.
Um *sieben Uhr dreißig / neunzehn Uhr dreißig.*	Alle *sette e trenta / diciannove e trenta.*
Um halb acht.	Alle sette e mezzo / mezza.
(So) gegen sechs.	Verso le sei (circa).
Kurz vor acht.	(Poco) prima delle otto.
Nach acht.	Dopo le otto.
So um acht herum.	Intorno alle otto.
Wie klingt das?	Potrebbe andare?
Was würde Ihnen am besten passen?	Che cosa Le andrebbe meglio?
Ich bin flexibel.	Sono flessibile.
Wählen / Entscheiden Sie.	*Scelga / Decida* Lei.
Mir ist es *gleich / egal.*	Per me è indifferente.
Wann immer es Ihnen passt.	Quando è meglio per Lei.
Wie du willst.	Come vuoi.

In tedesco *halb* si riferisce sempre all'ora completa seguente (!), designa cioè i 30 minuti che mancano per completare l'ora completa seguente: *halb neun = 8.30 Uhr.*

Tut mir leid, das schaffe ich leider nicht.	Mi dispiace, purtroppo non ce la faccio.
Ginge eine Viertelstunde *früher / später*?	Potrebbe andare bene un quarto d'ora *prima / dopo*?
Das wird ein bisschen knapp.	Sarebbe proprio giusto giusto.
Mir wäre es etwas später lieber.	Preferirei appena un po' più tardi.
Soll ich Sie abholen kommen?	Devo passare a prenderLa?
Wo schlagen Sie vor, dass wir uns treffen?	Dove propone di incontrarci?
Gut, dann also am Sonntag um acht Uhr fünfzehn vor dem Bahnhof.	Bene, allora domenica alle otto e quindici davanti alla stazione.
Um das kurz zu bestätigen, neunzehn Uhr bei Ihrem Hotel.	Solo per confermare brevemente: alle diciannove nel Suo albergo.
Wenn es irgendwelche Probleme gibt …	Se ci fosse un qualche problema …
Ich schicke eine SMS.	Invio un SMS.
Rufen Sie mich einfach kurz an.	Mi faccia uno squillo.
Können Sie mir Ihre Nummer geben, für alle Fälle?	Mi può dare il Suo numero per ogni evenienza?
Das klingt sehr gut.	Ottimo, direi.
Super, ich freue mich darauf.	Bellissimo, mi fa davvero piacere.

In tedesco parallelamente al calcolo del tempo sulle 12 ore, utilizzato anche nella lingua colloquiale, esiste anche il calcolo su 24. Invece di *9 Uhr (morgens / abends)* è insomma comune differenziare fra *9 Uhr* e *21 Uhr*, soprattutto se si vogliono evitare equivoci.

Bene a sapersi!
Una data (*das Datum*) viene percepita in tedesco generalmente come maschile e definita con numeri ordinali, che in documenti scritti sono separati fra di loro da un punto (*Punkt*): 4.12.2018
Al primo posto si trova il giorno (*der Tag*), seguito dal mese (*der Monat*) e per finire si aggiunge l'anno (*das Jahr*). Il numero scritto con il punto si pronuncia con la desinenza *-te*: *der vier**te** zwölf**te***.

E

Inviti e appuntamenti

19 Zu Gast sein
Essere ospiti

	Hallo, schön Sie zu sehen.	Che piacere vederLa.
	Kommen Sie doch herein.	Entri pure!
La particella *doch* serve per dare maggiore enfasi a un'affermazione.	Kommen Sie doch herein bei *dem Regen / der Kälte* ...	Prego, entri, con *questa pioggia / questo freddo* ...
	Sie haben uns also gut gefunden.	Insomma ci ha trovati facilmente.
	Die leichte Verspätung tut mir leid.	Mi dispiace per il leggero ritardo.
	Es gab ein Problem mit der U-Bahn.	C'è stato un problema con la metropolitana.
Attenzione qui alla preposizione: ***auf** jemanden / etwas warten.*	Wir mussten zwanzig Minuten auf den *Bus / Zug* warten.	Abbiamo dovuto aspettare *l'autobus / il treno* per venti minuti.
	Wir haben vor dem Haus Ihrer Nachbarn geparkt. Ich hoffe, das ist in Ordnung.	Abbiamo posteggiato davanti alla casa dei Vostri vicini. Spero che non dia fastidio.
	Darf ich Ihnen den Mantel abnehmen?	Mi vuole dare il cappotto?
L'imperativo *Lass* ... è l'abbreviazione informale di *Lasse*. In questo caso si invita qualcuno al quale si dà del tu, a fare qualcosa. La forma di cortesia sarebbe: *Lassen Sie Ihre Sachen einfach auf dem Stuhl.*	Lass deine Sachen einfach auf dem Stuhl.	Lascia pure le tue cose sulla sedia.
	Wir haben Ihnen eine Kleinigkeit mitgebracht.	Le abbiamo portato un pensierino.
	Hier ist etwas für das Buffet.	Ecco qualcosa per il buffet.
	Wir haben eine Flasche Wein mitgebracht.	Abbiamo portato una bottiglia di vino.
	Danke sehr, das wäre aber wirklich nicht nötig gewesen.	Molte grazie, però non era necessario.
Per la differenza fra *Bad* e *Toilette* si veda il box *Bene a sapersi!* in fondo alla pagina 43.	*Das Bad / Die Toilette* ist übrigens ...	A proposito *il bagno / la toilette* è ...

... hier *links / rechts*.	... qui a *sinistra / destra*.
... die Treppe hoch und *links / rechts*.	... in cima alle scale e poi a *sinistra / destra*.
Falls Sie sich kurz frisch machen wollen ...	Se desidera rinfrescarsi ...
Folgen Sie mir.	Mi segua.
Einfach der Musik nach.	Seguite semplicemente il suono della musica.
Nehmen Sie doch Platz.	Prego, si accomodi!
Such dir einfach ein Plätzchen.	Cerca semplicemente un posticino dove sederti!
Fühlen Sie sich wie zu Hause.	Faccia come se fosse a casa Sua!
Was möchtest du trinken?	Che cosa vorresti bere?
Nehmen Sie sich einfach etwas zu essen und zu trinken.	Si serva pure!
Schnapp dir was zu trinken.	Vèrsati pure qualcosa da bere!
Kann ich Ihnen etwas zu trinken *anbieten / holen*?	Posso *offrirLe / portarLe* qualcosa da bere?
Ich nehme etwas Rotwein.	Io prendo un po' di vino rosso.
Lieber nicht, ich muss noch fahren.	Meglio di no, devo guidare.
Etwas ohne Alkohol, bitte.	Qualcosa di analcolico, per favore.

such = *suche*
Plätzchen in tedesco ha un doppio significato: 1. un luogo in cui si può stare; 2. biscotti natalizi.

schnapp (colloquiale) = *schnappe*

Bene a sapersi!
Mentre *das Bad(ezimmer)* in tedesco designa una stanza con lavabo, doccia / vasca da bagno ed eventualmente WC, *die Toilette* (la prima parte della parola viene pronunciata alla francese, la seconda alla tedesca) è la definizione abituale per una stanza separata con lavabo e WC (che si può chiamare anche *Toilette*). Alla domanda *Wo ist die Toilette?* in Germania nessuno pensa a una tazza del water, cosicché non risulta scortese porre questa domanda.

E

Inviti e appuntamenti

20 Der passende Abschied
Come congedarsi

Formule di saluto per congedarsi si trovano al capitolo 4.

Oje, ist es schon so spät?	Oh, è già così tardi?
Ich habe die Zeit völlig aus den Augen verloren.	Ho perso del tutto la cognizione del tempo.
Es kann doch nicht schon so spät sein?	Già così tardi?
Sie müssen mich entschuldigen, aber …	Deve scusarmi, ma …
Es wird Zeit, dass ich mich …	È giunto il momento …
… verabschiede.	… di salutarci.
… auf den Weg mache.	… di andarmene.
Ich muss jetzt wirklich gehen.	Adesso devo proprio andarmene.
Morgen muss ich früh raus.	Domani devo uscire presto.
Wir haben es ziemlich weit.	Ci attende un lungo viaggio.
Ich muss nach Hause, weil es Thomas nicht gut geht.	Devo tornare a casa perché Thomas non sta bene.
Kann ich (noch) jemanden mitnehmen?	Posso dare un passaggio a qualcuno?
Wir finden schon raus.	Conosciamo la strada.
Das ist aber schade.	È proprio un peccato però.
Müssen Sie wirklich schon gehen?	Davvero deve già andare?
Du musst bald wieder kommen.	Torna presto a trovarmi / trovarci.
Ich freue mich sehr, dass Sie kommen konnten.	Mi fa piacere che Lei sia riuscito / riuscita a venire.

Invece di *weil* si può dire anche *da*. Nella lingua scritta davanti a una frase secondaria con *weil* o *da* si trova sempre una virgola.

Es war schön, dass du da warst.	Mi ha fatto piacere che tu sia venuto / venuta.
Kann ich Sie noch zu einem letzten Glas Wein überreden?	Posso convincerLa a prendere un ultimo bicchiere di vino?
Noch ein letztes Schlückchen?	Ancora un ultimo goccio?
Nein, ich hatte wirklich schon genug.	No, grazie ho già bevuto abbastanza.
Wenn Sie mich so fragen, wie kann ich da nein sagen?	Se me lo domanda così come faccio a dire di no?
Wir haben uns prächtig amüsiert.	Ci siamo divertiti tantissimo.
Es war einfach super.	È stato semplicemente eccezionale.
Danke für einen wunderbaren Abend. Es war toll.	Grazie della serata meravigliosa. È stata splendida.
Das Abendessen war *fantastisch / köstlich*.	La cena era *fantastica / squisita*.
Sie müssen mir das Rezept geben.	Deve darmi la ricetta.
Das nächste Mal *kommen Sie / kommt ihr* zu uns.	La prossima volta venite voi da noi.
Das nächste Mal bei uns, o.k.?	La prossima volta da noi, d'accordo?

Schlückchen è il vezzeggiativo di *Schluck* (goccio) e viene utilizzato colloquialmente per parlare del bere una bevanda alcoolica: *Trinken wir noch ein Schlückchen (Bier / Wein)?* Per quanto concerne la quantità si tratta in genere di più di un goccio.

A proposito del doppio significato di *Rezept*, si veda il capitolo 11.

Se ci si incontra a casa di un'altra persona, si utilizza la preposizione *bei* senza tuttavia aggiungere esplicitamente *Haus* o *Wohnung*: *Wir treffen uns bei dir / ihr / ihm / uns / euch.*

Bene a sapersi!
Non solo si può perdere la cognizione del tempo, ma si può perdere di vista anche una persona (*aus den Augen verlieren*). Se non si vede una persona per molto tempo, questa può cadere nell'oblio. Il modo di dire è: *Aus den Augen, aus dem Sinn.* (Occhio non vede, cuore non duole.)

F

Belle e brutte notizie

Il contrario di *Glück* (fortuna) è *Pech*. Chi ha molta fortuna viene definito *ein Glückspilz*; chi invece ha *viel Pech* è *ein Pechvogel*: *Du bist aber ein Glückspilz / ein Pechvogel.*

21 Gute Nachrichten und Glückwünsche
Buone notizie e auguri

Ich habe gute Nachrichten. / Ich habe eine gute Nachricht.	*Ho delle buone notizie. / Ho una buona notizia.*
Ich muss dir was erzählen.	Ti devo raccontare qualcosa.
Hast du schon gehört, was passiert ist?	Hai già sentito che cosa è successo?
Etwas *Tolles / Fantastisches* ist gerade passiert.	È appena successo qualcosa di *straordinario / fantastico*.
Ich habe wirklich Glück gehabt.	Ho proprio avuto fortuna.
Ich kann kaum erwarten, es dir zu erzählen.	Non vedo l'ora di raccontartelo.
Man hat mir die Stelle angeboten.	Mi hanno offerto il posto.
Ich bin befördert worden.	Ho avuto una promozione.
Ich habe eine *Gehaltserhöhung / Prämie* bekommen.	Ho avuto un *aumento di stipendio / premio*.
Ich habe meine Prüfung bestanden.	Ho superato l'esame.
Ich habe jemanden kennengelernt.	Ho conosciuto qualcuno.
Wolfgang und ich ziehen zusammen.	Wolfgang e io andiamo a vivere insieme.
Wir haben uns verlobt.	Ci siamo fidanzati.
Wir heiraten.	Ci sposiamo.
Wir erwarten ein Kind.	Aspettiamo un bambino.
Ich kann dir gar nicht sagen, wie glücklich ich bin.	Non riesco nemmeno a dirti come sono felice.

Mein Traum ist endlich wahr geworden.	Finalmente il mio sogno si è realizzato.
Wenn das keine guten Nachrichten sind!	Se non sono buone notizie queste!
Gut gemacht! Herzlichen Glückwunsch!	*Ben fatto! Complimenti!*
Ich freue mich so (für dich).	Sono così contento / contenta (per te).
Das sind ja *großartige / fantastische* Nachrichten.	Sono proprio notizie *eccezionali / fantastiche*.
Ganz herzliche Glückwünsche.	Felicitazioni vivissime.
Viel Glück!	Buona fortuna!
Ich wünsche Ihnen viel Erfolg.	Le auguro tanto successo.
Ich habe Geburtstag.	È il mio compleanno.
Wir haben Hochzeitstag.	È il nostro anniversario di matrimonio.
Herzlichen Glückwunsch zum Geburtstag!	Tanti cari auguri di buon compleanno!
Herzlichen Glückwunsch!	Tanti auguri!
Frohe Weihnachten!	Buon Natale!
Ein gutes neues Jahr!	Buon anno!
Frohe Ostern!	Buona Pasqua!

In tedesco ci si congratula spesso con le espressioni *(Herzlichen) Glückwunsch!* o *Ich gratuliere (dir / Ihnen)!*

In tedesco una persona *„hat"* (*haben*) il compleanno (*Geburtstag*) / l'onomastico (*Namenstag*) / l'anniversario di matrimonio (*Hochzeitstag*).

Nei Paesi di lingua tedesca per san Silvestro, la vigilia dell'anno nuovo, spesso ci si augura metaforicamente *Einen guten Rutsch (ins neue Jahr)*. *Rutschen* significa in realtà scivolare su un terreno sdrucciolevole.

Bene a sapersi!

Le principali festività (*der Feiertag*) tedesche sono: *Neujahr* (1° gennaio), *Heilige Drei Könige* (6 gennaio), *Karfreitag* (Venerdì Santo), *Ostersonntag* (Pasqua), *Ostermontag* (Pasquetta), *Tag der Arbeit* (1°maggio), *Christi Himmelfahrt* (Ascensione), *Pfingstsonntag* (Pentecoste), *Pfingstmontag* (lunedì di Pentecoste), *Tag der Deutschen Einheit* (Festa nazionale tedesca, 3 ottobre), *Allerheiligen* (Ognissanti), *Heiligabend* (24 dicembre), 1. und 2. Weihnachtsfeiertag (Natale e Santo Stefano), *Silvester* (San Silvestro).

F

Belle e brutte notizie

22 Schlechte Nachrichten und Anteilnahme
Brutte notizie e cordoglio

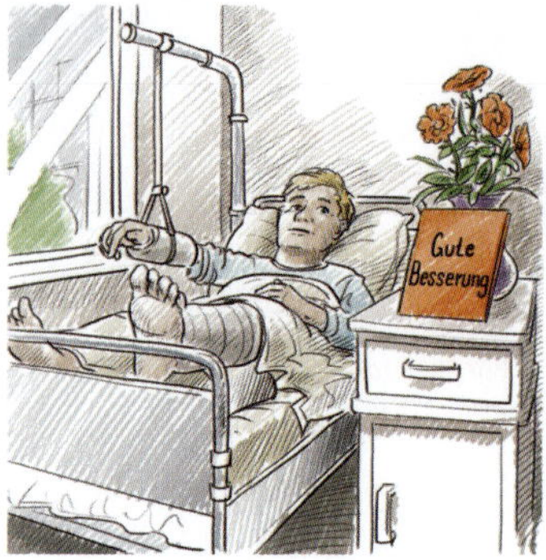

Ich habe leider *schlechte / traurige* Nachrichten.	Purtroppo ho delle *brutte / tristi* notizie.
Etwas Schreckliches ist passiert.	È successo qualcosa di terribile.
Das, was ich Ihnen gleich sagen werde, ...	Quello che Le dirò adesso ...
... wird ein Schock für Sie sein.	... sarà uno choc per Lei.
... wird Sie *verärgern / enttäuschen.*	... La *irriterà / deluderà.*
Ich weiß kaum, wie ich es sagen soll, aber ...	Non so quasi come fare a dirlo, ma ...
Es wird Ihnen nicht gefallen, aber ...	Non Le piacerà, ma ...
Wir haben echt Ärger am Hals.	Siamo nei guai.
Die Kacke ist am Dampfen.	Siamo nella merda.
Anne hatte einen Unfall.	Anne ha avuto un incidente.
Peter liegt im Krankenhaus.	Peter è ricoverato in ospedale.
Karl hat Krebs.	Karl ha un tumore.
Michael ist tot.	Michael è morto.
Er ist plötzlich an einem Herzinfarkt gestorben.	È morto improvvisamente per un infarto cardiaco.
Katrin ist überfallen worden.	Katrin ha subito un'aggressione.
Uwe hat seinen Job verloren.	Uwe ha perso il lavoro.

Attenzione! Questa espressione è molto volgare e perciò dovrebbe essere utilizzata con precauzione.

Se qualcuno non è più in vita è *tot* (scritto minuscolo e con una *t* finale). Il sostantivo corrispondente è *der Tod* (scritto maiuscolo e con una *d* finale).

Ich bin entlassen worden.	Sono stato licenziato / stata licenziata.
Mach dir keine Sorgen!	Non ti preoccupare!
Davon geht die Welt nicht unter.	Non casca il mondo.
Lass dich davon nicht unterkriegen.	Non ti abbattere.
(O) Nein! / O Gott!	*Oh no! / Oddio!*
Es tut mir so leid.	Mi dispiace proprio tanto.
Das ist ja *schrecklich / fürchterlich.*	È *terribile / orribile.*
Das muss für dich gerade die Hölle sein.	Per te ora deve essere un inferno.
Das muss eine sehr schwere Zeit für Sie sein.	Deve essere una fase difficilissima per Lei.
Gibt es irgendetwas, was ich tun kann?	Posso fare qualcosa?
Ich denke an dich in dieser schwierigen Zeit.	Penso a te in questo momento difficile.
Wir senden *euch / dir* ganz liebe Grüße.	*Vi / Ti* inviamo tanti cari saluti.
Gute Besserung!	Buona guarigione!
Mein (herzliches) Beileid.	Le mie (sincere) condoglianze.
Ich möchte mein (herzliches) Beileid ausdrücken.	Vorrei esprimere le mie (più sincere) condoglianze.

Con *Es tut mir so leid.* si esprime rincrescimento. *Ich bin es leid* si dice invece quando si avverte qualcosa come molto fastidioso: *Ich bin dein ewiges Gejammer leid.* (Non sopporto più le tue continue lamentele.)

A una persona malata si augura *Gute Besserung!*
Se invece qualcuno sta recuperando poco a poco dopo una malattia, si dice: *Er befindet sich auf dem Wege der Besserung.* (È in fase di convalescenza.)

Bene a sapersi!
Si può consolare una persona con frasi come *Mach dir keine Sorgen!* (Non ti preoccupare!) o *Es wird schon* (Vedrai che passerà). Anche modi di dire come *auf Regen folgt Sonnenschein* (alla pioggia segue il sole) o *morgen ist auch noch ein Tag* (domani è un altro giorno) possono avere un effetto tranquillizzante. Con espressioni come *es tut mir unendlich leid* (mi dispiace infinitamente) o *ich bin untröstlich* (sono desolato / desolata), si possono esprimere le proprie condoglianze.

F

Belle e brutte notizie

23 Lustige Anekdoten und Witze
Aneddoti divertenti e barzellette

Habe ich dir jemals erzählt, was mir in Wien passiert ist?	Ti ho mai raccontato quello che mi è successo a Vienna?
Mir ist etwas ganz Verrücktes passiert.	Mi è successo qualcosa di assurdo.
Das erinnert mich an etwas, das mir mal passiert ist.	Mi ricorda qualcosa che è successo a me una volta.
Das glaubst du eh nie.	Tanto non ci credi!
Warte, bis du hörst, was als Nächstes passiert ist.	Aspetta di sentire che cosa è successo dopo.
Aber ich schwöre, es ist wahr.	Ma giuro che è vero.
Zuerst / Am Anfang ...	*Dapprima / All'inizio ...*
Danach ...	In seguito ...
Dann ...	*Dopo / Poi ....*
Jedenfalls ...	Comunque ...
Schließlich ...	Alla fine ...
Und das war dann das Ende.	E poi è andata a finire così.
Und das war's dann.	E questo è tutto.
Ich konnte es einfach nicht glauben.	Semplicemente non riuscivo a crederci.
Es war ein unglaublicher Zufall.	È stato un caso incredibile.
Ich war so überrascht.	Sono rimasto così sorpreso / rimasta così sorpresa.
Ich wusste nicht, was ich sagen sollte.	Non sapevo che cosa dire.

***sich an etwas erinnern*:**
***Ich** erinnere mich an meinen ersten Schultag.*
***jemanden an etwas erinnern*:**
***Diese Tasche** erinnert **mich** an meinen ersten Schultag.*

Attenzione: la parola *Ende* è di genere neutro nonostante la *-e* finale: ***das** Ende*. Lo stesso vale per *Interesse*: ***das** Interesse.*

Ich war völlig baff.	Sono rimasto / rimasta di stucco.
Zum *Brüllen / Schreien*.	Da urlo.
Wir bekamen einen Lachanfall.	C'è venuto da ridere.
Ich musste vor Lachen weinen.	Avevo le lacrime agli occhi dal ridere.
Es war so lustig.	Era così divertente.
Kennst du den Witz über …?	Conosci la barzelletta su …?
Ich wette, den hast du noch nicht gehört.	Scommetto che non l'hai mai sentita.
Nun, er geht so: …	Ecco, fa così: …
Hast du ihn verstanden?	L'hai capita?
Manchmal bin ich im Kopf etwas langsam.	A volte sono un po' lento di comprendonio.
Ach, jetzt hab ich's verstanden.	Ah, adesso ho capito.
Hat *er / sie* das wirklich gesagt? Ich glaube dir nicht.	Ha detto proprio così? Non ti credo.
Nimmst du mich auf den Arm?	Mi prendi in giro?
Der ist echt gut.	È proprio buona.
Den muss ich mir merken.	Questa me la devo proprio segnare.
Ich kann mir Witze ganz schlecht merken.	Le barzellette me le ricordo proprio male.

Scoppi emozionali indicano spesso che qualcosa viene percepito come particolarmente divertente: qualcosa può essere *zum Brüllen [komisch]*, (da urlo), *zum Heulen [komisch]* (da piangere dalle risa) o *zum Totlachen* (da morire dal ridere).

ihn = den Witz

Se ci si sente presi in giro, oltre a dire *Nimmst du mich auf den Arm?* si può anche dire: *Willst du mich etwa verschaukeln / veräppeln / verarschen?* (Attenzione: *verarschen* è piuttosto volgare e da usare con la dovuta cautela!)

Bene a sapersi!
Molti tedeschi prendono in giro in particolar modo gli abitanti della Frisia orientale (*Ostfriesen*) e i tedeschi dell'Est (*Ossis*), facendoli passare presumibilmente per stupidi. Fate però attenzione: barzellette che funzionano bene in una lingua e in una cultura, possono essere interpretate diversamente in un'altra e sfociare rapidamente in dei conflitti. In particolare si dovrebbe essere molto cauti con quelle barzellette che si basano su cliché e stereotipi.

F

Belle e brutte notizie

24 Schlechte Erfahrungen
Brutte esperienze

Das war so ein Tag, an dem einfach alles schiefgeht.	È stato uno di quei giorni in cui va tutto storto.
Ich hatte noch nie so eine *schreckliche / furchtbare* Reise.	Non ho mai fatto un viaggio così *terribile / orribile*.
Wir hatten wirklich Pech.	Abbiamo avuto proprio sfortuna.
Alles ging schief.	È andato tutto storto.
Es war eine Katastrophe *von Anfang bis Ende / von Anfang an.*	È stata una catastrofe *dall'inizio alla fine / a partire dal primo momento*.
Wir wurden aufgehalten.	Abbiamo avuto un contrattempo.
Der Flug wurde annulliert.	Il volo è stato annullato.
Wir haben unseren Anschlussflug verpasst.	Abbiamo perso il volo di coincidenza.
Wir hingen fest.	Siamo rimasti bloccati.
Das Wetter war grauenhaft.	Il tempo è stato orribile.
Die Heizung funktionierte nicht.	Il riscaldamento non funzionava.
Wir haben uns *verirrt / verfahren*.	Ci siamo persi.
Es gab einen Stromausfall.	C'è stato un blackout.
Das Internet fiel aus.	Internet è saltato.
Es wurde gestreikt.	C'era sciopero.
Ich habe *meine Brieftasche / meine Schlüssel* verloren.	Ho perso *il mio portafolgio / le mie chiavi*.

Per annullare voli e matrimoni si impiega il verbo *annullieren*, per le prenotazioni e le ordinazioni *stornieren*. *Kündigen* si usa per disdire un abbonamento e *absagen* per annullare riunioni e conferenze.

Altri sinonimi per *Brieftasche* sono: *das Portemonnaie, die Geldbörse, der Geldbeutel.*

Das Auto blieb stehen.	La macchina è rimasta ferma.
Wir hatten eine Panne.	Abbiamo avuto un guasto.
Wir hingen im Stau fest.	Siamo rimasti bloccati in coda.
Der Zug hatte 50 Minuten Verspätung.	Il treno ha avuto 50 minuti di ritardo.
Es war keiner da, um uns abzuholen.	Non è venuto nessuno a prenderci.
Ich kam mir so blöd vor.	Mi sentivo così scemo / scema.
Ich war schuld.	Era colpa mia.
Ich war überhaupt nicht schuld.	Non è stata affatto colpa mia.
Ich habe alles versucht, aber es war umsonst.	Ho provato di tutto ma è stato tutto inutile.
Es war ein einziges Fiasko.	È stato un fallimento completo.
Sie waren absolut nicht hilfsbereit.	Non si sono dimostrati per niente disponibili.
Keiner wusste was.	Nessuno sapeva nulla.
Ich war so ...	Ero proprio ...
... sauer.	... seccato / seccata.
... angepisst.	... incazzato / incazzata.
Wir waren *erschöpft / total k. o.*	Eravamo *spossati / stanchi morti.*
Es war mit das Schlimmste, was ich je erlebt habe.	È stata una delle peggiori situazioni che mi siano mai capitate.

Panne può significare un guasto tecnico / materiale (*Gestern hatte ich eine Fahrradpanne*), ma anche un grave errore nell'esecuzione di qualcosa (*Vor der Eröffnung des Flughafens gab es viele Pannen*). In caso di un guasto alla macchina è consigliabile chiamare *die Pannenhilfe.*

das Fiasko = das Desaster = die Katastrophe

Attenzione: *angepisst* è molto volgare!

Bene a sapersi!
Nemmeno i tedeschi sono sempre contenti e spesso danno libero sfogo al loro malumore. Si lamentano (*motzen*), brontolano (*meckern*), bofonchiano (*maulen*), criticano (*nörgeln*).

G

Sentimenti ed emozioni

25 Interesse und Desinteresse bekunden
Esprimere interesse e disinteresse

Ich liebe die Berge.	Amo la montagna.
Ich liebe Eis(creme).	Adoro il gelato.
Martin liebt das Theater.	Martin adora il teatro.
Ich wandere gern.	Mi piace fare escursioni in montagna.
Ich mag Tiere.	Mi piaccioni gli animali.
Magst du Fußball?	Ti piace il calcio?
Schokolade kann ich einfach nicht widerstehen.	Semplicemente non so resistere alla cioccolata.
Ich interessiere mich für Geschichte.	Mi interessa la storia.
Ich bin ein großer Fan italienischer Filme.	Sono un grande appassionato di cinema italiano.
Simon ist begeisterter Golfer.	Simon è un appassionato giocatore di golf.
Christian ist ein Computerfreak.	Christian è un patito del computer.
Ich bin verrückt nach italienischer Küche.	Vado pazzo / pazza per la cucina italiana.
Ich habe eine Schwäche für Julia.	Ho un debole per Julia.
Ich mache mir eigentlich nichts aus Sport.	Lo sport mi lascia indifferente.
Ich mag keine Talkshows.	Non mi piacciono i talkshow.
Ich hasse Elektro-Musik.	Odio la musica elettronica.

Invece di *gern* si può dire anche *gerne*.

Un *Fan* è qualcuno che ha un marcato interesse per qualcosa. Il tifoso di una disciplina sportiva si chiama anche *Anhänger*: *Er ist ein großer Bayern-Fan/ -Anhänger*. Un appassionato / Un'appassionata di cinema e di letteratura si chiama anche *Filmliebhaber(in)* o *Buchliebhaber(in)*.

Ich kann Leute, die sich nicht entscheiden können, nicht ausstehen.	Non sopporto le persone che non riescono a prendere decisioni.
Gartenarbeit ist einfach nicht mein Ding.	Il giardinaggio non fa per me.
Ich halte nicht viel von diesem Autor.	Non ho una grande considerazione per questo autore.
Rudern ist nicht jedermanns Sache.	Il canottaggio non è una cosa per tutti.
Für solche Leute ist mir meine Zeit zu schade.	Non spreco il mio tempo con persone del genere.
Rebecca kann Kritik schlecht annehmen.	Rebecca riesce difficilmente ad accettare delle critiche.
Jan ist einfach nicht mein Typ.	Jan non è proprio il mio tipo.

die Kritik = una critica / un giudizio critico
kritisieren = la forma verbale di *Kritik* (criticare)
Kritiker(in) = chi esprime una critica

Es macht mir nichts aus.	Per me non fa differenza.
Mir ist es gleich.	Per me è uguale.
Egal was.	Qualsiasi cosa (va bene).
Ich habe nichts dagegen.	Non ho niente in contrario.
Das ist mir schnurzegal.	Me ne infischio.
Ich richte mich ganz nach euch.	Io mi adatto alle vostre esigenze.
Wen juckt's?	Chi ne ha voglia?
Na und?	Sì, e allora?
Mach, was du willst.	Fa' quello che vuoi.
Es ist mir scheißegal.	Me ne strafrego.

Attenzione: volgare!

Bene a sapersi!
Se volete esprimere il vostro affetto per una persona, avete diverse possibilità:
- *Ich liebe dich.* (amore profondo, perlopiù fra due persone legate da un rapporto sentimentale)
- *Ich hab(e) dich lieb.* (amore affettuoso fra genitori e i loro figli)
- *Ich mag dich.* (generica espressione di simpatia fra due persone)

G

Sentimenti ed emozioni

26 Hoffnung, Freude und Glück
Speranza, gioia e felicità

morgen = il giorno seguente
der Morgen = il mattino

Se si augura a qualcuno di aver successo in qualcosa, si incrociano i pollici (*die Daumen drücken*).
In alternativa si può augurare anche *Hals und Beinbruch!* (letteralmente: "Che tu ti possa spezzare l'osso del collo e una gamba!")

zuversichtlich = *hoffnungsvoll* = *optimistisch*

Ich hoffe, alles geht gut.	Spero che vada tutto bene.
Ich hoffe, ich sehe Dominik morgen.	Spero di vedere Dominik domani.
Hoffentlich wird Felix befördert.	Speriamo che diano una promozione a Felix.
Ich drück(e) dir die Daumen.	In bocca al lupo.
Hoffen wir das Beste.	Speriamo bene.
Thomas hat große Hoffnung, bald eine Arbeit zu finden.	Thomas spera fermamente di trovare presto un lavoro.
Ich blicke ziemlich optimistisch in die Zukunft.	Guardo al futuro con un certo ottimismo.
Ich habe die Hoffnung noch nicht aufgegeben, eine bezahlbare Wohnung zu finden.	Non ho ancora riposto la speranza di trovare un appartamento alla portata delle mie tasche.
Wir sind alle ziemlich zuversichtlich.	Siamo tutti piuttosto fiduciosi.
Dies wird vielen Menschen Hoffnung geben.	Ciò darà speranza a molte persone.
Es gibt Licht am Ende des Tunnels.	C'è della luce alla fine del tunnel.
Es gibt einen Hoffnungsschimmer.	C'è un barlume di speranza.
Wird Mark auf der Party sein? – *Ich hoffe es. / Ich hoffe nicht.*	Mark ci sarà alla festa? – *Spero di sì. / Spero di no.*
Wenn alles gut geht, ist bis zum Wochenende alles fertig.	Se tutto va bene, entro il fine settimana è tutto pronto.

Diese Nachricht ist *viel-versprechend / ermutigend.*	Questa notizia è molto *promettente / incoraggiante.*
Ich bin so glücklich.	Sono così felice.
Ich bin so froh, dass alles gut geht.	Mi fa così piacere che tutto vada bene.
Ich bin (sehr) froh, dass es dir wieder gut geht.	Sono (molto) contento / contenta che tu stia di nuovo bene.
Sebastian war in ziemlich guter Stimmung.	Sebastian era piuttosto di buonumore.
Laura war überglücklich.	Laura era strafelice.
Als das Baby geboren wurde, waren wir überglücklich.	Quando è nato il bambino / nata la bambina eravamo al settimo cielo.
Alle waren gut gelaunt.	Tutti erano di buon umore.
Als sie ihre Prüfungsergeb-nisse erfahren hat, war sie ganz aus dem Häuschen.	Quando ha saputo dei risultati dell'esame, era fuori di sé dalla gioia.
Wir haben uns riesig gefreut.	Ci ha fatto un enorme piacere.
Du hast mir den Tag gerettet.	Mi hai salvato la giornata.
Du hast mich aufgeheitert.	Mi hai messo / messa di buon umore.
Ende gut, alles gut.	Tutto è bene quel che finisce bene.

In tedesco il pronome *alle* si intende come parola al plurale e viene usato corri-spondentemente: *Alle* ***sind / waren*** *gut gelaunt.*

Bene a sapersi!
In occasioni liete al posto dell'avverbio *sehr* si può fare ricorso ad altre espressioni enfatizzanti:

- *Ich bin* ***über****glücklich.* (Sono strafelice.)
- *Ich bin* ***überaus / total*** *froh.* (Sono più che / totalmente felice.)
- *Ich freue mich* ***besonders / außerordentlich / riesig / total.*** (Mi rallegro particolarmente / straordinariamente / enormemente / pienamente.)

G

Sentimenti ed emozioni

27 Enttäuschung und Traurigkeit
Delusione e tristezza

Ich war von den Ergebnissen enttäuscht.	Sono rimasto deluso / rimasta delusa per i risultati.
Sie haben mich enttäuscht. Ich hatte mehr erwartet.	(Lei) mi ha deluso. Mi sarei aspettato / aspettata di più.
Wir waren so enttäuscht.	Eravamo così delusi.
Es war eine herbe Enttäuschung.	È stata un'amara delusione.
Meine Kollegen haben mir nicht geholfen und ich fühlte mich im Stich gelassen.	I miei colleghi non mi hanno aiutato e mi sono sentito / sentita come piantato / piantata in asso.
Zu meiner großen Überraschung bekam ich noch nicht einmal ein Vorstellungsgespräch.	Con mia grande sorpresa non mi hanno nemmeno invitato / invitata al colloquio di lavoro.
Das ganze Wochenende hat unsere Erwartungen enttäuscht.	L'intero fine settimana ha deluso le nostre attese.
Es war ein totaler Reinfall.	È stata una delusione totale.
Es blieb weit hinter den Erwartungen zurück.	È rimasto molto al di sotto delle aspettative.
Ich war so entmutigt.	Ero così scoraggiato / scoraggiata.

Chi è molto triste e depresso è *deprimiert, niedergeschlagen* o *seelisch am Boden.*

Ich bin so *traurig / unglücklich.*	Sono così *triste / infelice.*
Ich fühle mich so elend.	Mi sento così miserabile.
Ich bin schweren Herzens gegangen.	Me ne sono andato / andata con la morte nel cuore.
Sie waren alle bestürzt.	Sono rimasti tutti sgomenti.

Max ist wirklich geknickt.	Max è veramente giù di morale.
Du siehst ziemlich mitgenommen aus.	Mi sembri piuttosto provato / provata.
Ich war so ...	Ero così ...
... bedrückt.	... depresso / depressa.
... niedergeschlagen.	... abbattuto / abbattuta.
... betrübt.	... afflitto / afflitta.
Warum siehst du so bedrückt aus?	Perché hai quella faccia depressa?
Uli ist *zu Tode betrübt / völlig deprimiert*.	Uli è *tremendamente abbattuto / totalmente depresso*.
Als seine Mannschaft verloren hat, war er untröstlich.	Quando la sua squadra ha perso era inconsolabile.
All die schlimmen Dinge, die mir in den letzten Monaten passiert sind, haben mir ganz schön zugesetzt.	Tutte le brutte cose che mi sono successe negli ultimi mesi mi hanno proprio buttato giù.
Es deprimiert mich, wenn ich daran denke, was passieren wird.	Se ci penso mi deprimo al pensiero di quello che avverrà.
Verena trauert noch um ihren verstorbenen Mann.	Verena è ancora in lutto per la morte del marito.
Die Familie trauert noch.	La famiglia è ancora in lutto.

Se una persona è preda di forti sbalzi d'umore, si dice citando Goethe: *Himmelhoch jauchzend, zu Tode betrübt.* (Esaltata da toccare il cielo e afflitta a morte.)

Bene a sapersi!
Una persona triste può essere risollevata con parole come:
- *Sei nicht traurig.* (Non essere triste.)
- *Lass den Kopf nicht hängen!* (Non perderti d'animo!)
- *Kopf hoch!* (Su la testa!)
- *Du schaffst das schon!* (Forza, che ce la fai!)
- *Beiß die Zähne zusammen!* (Stringi i denti!)
- *Es wird schon.* (Tutto si sistemerà.)

G

Sentimenti ed emozioni

28 Überraschung und Unglaube
Sorpresa e sconcerto

Ich war so überrascht.	Sono rimasto così sorpreso / rimasta così sorpresa.
Wir waren *erstaunt / verwundert*.	Eravamo *sorpresi / stupefatti*.
Ich war verblüfft.	Ero sbalordito / sbalordita.
Die Nachricht überraschte uns alle völlig.	La notizia ci ha lasciati completamente sorpresi.
Wir konnten es einfach nicht glauben.	Semplicemente non riuscivamo a crederci.
Ich kann es (einfach) nicht fassen.	(Semplicemente) non riesco a crederci.
Ich weiß nicht, was ich sagen soll.	Non so che cosa dire.
Ich bin sprachlos.	Sono senza parole.
Es hat mir den Atem verschlagen.	Mi ha lasciato senza fiato.
Ich bin *platt / baff*.	Rimango di stucco.
Es war so unwirklich.	Era così irreale.
Das hat mir wirklich die Augen geöffnet.	(Questo fatto) mi ha davvero aperto gli occhi.
Das ist kaum fassbar.	È quasi inconcepibile.
Das war höchst erstaunlich.	È stato estremamente sorprendente.
Das glaube ich nicht!	Non ci credo!
Niemals! Das ist unmöglich.	Mai! È impossibile.
Das ist unglaublich.	È incredibile.

Nella lingua parlata la particella *einfach* enfatizza e rafforza emozionalmente un'affermazione. *Ich glaube das **einfach** nicht!* esprime maggior scetticismo e dubbio rispetto a *Ich glaube das nicht.*

Se qualcuno vuole esprimere come (improvvisamente) ha scoperto la verità, può utilizzare il modo di dire: *Mir ging ein Licht auf* o *Es fiel mir wie Schuppen von den Augen.*

Das ist zu schön, um wahr zu sein.	Troppo bello per essere vero.
Es war keine Überraschung.	Non è stata una sorpresa.
Kein Wunder.	C'è poco da meravigliarsi.
Ich war nicht im Geringsten überrascht.	Non mi ha sorpreso minimamente.
Das kannst du deiner Großmutter erzählen.	Ma va' a raccontarlo a qualcun altro!
Wer's glaubt, wird selig.	Beato chi ci crede!
Das hätte sie nie getan.	Lei non l'avrebbe mai fatto.
Du kannst mir nicht weismachen, dass …	Non mi vorrai dare a intendere che …
Ich bin nicht von gestern, weißt du.	Non sono nato / nata ieri, lo sai.
Ich bin *der geborene Skeptiker / die geborene Skeptikerin*.	Sono *uno scettico nato / una scettica nata*.
Das ist ein (unglaubliches) Ammenmärchen.	Questa è una balla (pazzesca).
Ich habe es nicht für bare Münze genommen.	Non l'ho preso per oro colato.
Das klingt überhaupt nicht plausibel.	Non sembra affatto plausibile.
Es ist unvorstellbar, dass Matze so etwas tun würde.	È inconcepibile che Matze faccia una cosa del genere.

In questo modo di dire, con il quale si vuole esprimere un grande scetticismo, sopravvive la parola in sé antiquata *Großmutter* (nonna). Può essere sostituita però anche da *Oma* (nonnina).

Un tempo una *Amme* era una donna che allattava e badava il figlio di un'altra madre. Si dice che queste donne raccontassero ai loro protetti delle storie incredibili (*Märchen*). Oggigiorno si utilizza *Ammenmärchen* sia per definire delle bugie sia per mettere l'accento su credenze erronee.

Bene a sapersi!
In Germania i più famosi racconti fantastici vengono attribuiti al *Baron von Münchhausen*. Per questo chi si gloria e racconta molte bugie, nella lingua colloquiale viene anche chiamato *Münchhausen*. Il racconto fantastico stesso viene talvolta anche definito *Münchhauseniade*.

H

Esprimere un'opinione

29 Ansichten anderer und die eigene Meinung
Le proprie opinioni e quelle degli altri

Was denken Sie (darüber)?	Che cosa ne pensa?
Was ist Ihre Meinung (hierzu)?	Qual è la Sua opinione (su questo punto)?
Was sind Ihre Ansichten (in dieser Angelegenheit)?	Quali sono le sue opinioni (in materia)?
Wie ist *Ihre Einstellung / Ihr Standpunkt* (dazu)?	Qual è *il Suo punto di vista / la Sua posizione* (riguardo a questo argomento)?
Was halten Sie davon?	Qual è il Suo parere a riguardo?
Wo stehen Sie (in dieser Sache)?	Che posizioni ha (su questo argomento)?
Wie sehen Sie diese Sache?	Come vede questa cosa?
Ich denke, Sascha hat Recht.	Penso che Sascha abbia ragione.
Meiner Meinung nach sollten wir mehr sparen.	Secondo me dovremmo risparmiare di più.
Meiner Meinung nach ist das Zeitverschwendung.	Secondo me è una perdita di tempo.
Wenn Sie mich fragen, ist das eine vielversprechende Idee.	Se vuole sapere la mia opinione, si tratta di un'idea promettente.
Ich persönlich bin sehr zuversichtlich.	Io personalmente sono molto fiducioso / fiduciosa.
So wie ich das sehe, ist jetzt nicht der beste Zeitpunkt.	Per come la vedo io, questo non è il momento migliore.

Si possono sprecare molte cose. Per esempio si parla di *Energieverschwendung* (spreco di energia), *Stromverschwendung* (spreco di elettricità) o di *Geldverschwendung* (spreco di denaro).

Ich bin der Meinung, dass nicht genug Geld für Bildung ausgegeben wird.	Sono dell'avviso che non vengano spesi soldi a sufficienza per l'istruzione.
Ich glaube, dass wir alle härter arbeiten müssen.	Penso che tutti quanti dobbiamo lavorare di più.
Ich glaube, wir sind auf dem richtigen Weg.	Credo che siamo sulla buona strada.
Ich betrachte Andi nicht als den besten Mann für die Stelle.	Non considero Andi l'uomo più adatto per questo posto.
Soweit ich das sehe, läuft alles prima.	Per quel che mi riguarda, procede tutto perfettamente.
Von meiner Warte aus hilft mehr Konsum der Konjunktur immer.	Dal mio punto di vista consumare di più aiuta sempre l'economia.
Für mich ist sie eine der besten Schriftstellerinnen ihrer Zeit.	A mio parere è una delle migliori scrittrici del suo tempo.
Ich schätze, es wird große Veränderungen geben.	Considero che ci saranno grandi cambiamenti.
Ich glaube, dass Silvia bald zurück sein wird.	Credo che Silvia sarà presto di ritorno.
Ich schätze, es ist einfach eine Frage der Zeit.	Ritengo che sia semplicemente una questione di tempo.

Ich glaube ... e *Ich denke ...* vengono spesso utilizzati come sinonimi, se si vuole esprimere un'opinione. *Ich denke an dich* significa invece pensare a qualcuno e *ich glaube an dich,* avere fiducia in qualcuno.

Il verbo *schätzen* ha diversi significati in tedesco:
1. una valutazione intuitiva: *Ich schätze sein Gewicht auf etwa 80 Kilo.*
2. avere una buona opinione di qualcosa o di qualcuno: *Ich schätze meine Lehrerin sehr.*
3. supporre qualcosa: *Ich schätze, dass wir heute lange warten müssen.*

Bene a sapersi!
Se volete un po' smussare le vostre posizioni, potete dire:
- *Irgendwie habe ich das Gefühl ...* (Ho la vaga impressione ...)
- *Eigentlich denke ich ...* (In realtà penso che ...)
- *Genau genommen bin ich der Meinung ...* (Pensandoci bene sono dell'opinione che ...)
- *An und für sich habe ich das Gefühl ...* (In fondo ho l'impressione che ...)
- *Ich fürchte, dass ...* (Temo che ...)

H

Esprimere un'opinione

30 Zustimmung ausdrücken
Esprimere approvazione

Anche se siete d'accordo con qualcosa, potete comunque rafforzare la vostra opinione utilizzando certi avverbi: *Ich bin* ***absolut / total / völlig / vollkommen / ganz und gar*** *deiner Meinung*. Importante: in tedesco gli aggettivi e gli avverbi hanno perlopiù la stessa forma e non hanno una desinenza particolare.

Das ist richtig.	È giusto.
Sie haben (absolut) recht.	Lei ha (assolutamente) ragione.
Du hast total recht.	Hai perfettamente ragione.
Genau das ist es.	È proprio così.
Ich stimme (*dir / dem*) zu.	Sono d'accordo (*con te / su questo punto*).
Ich bin völlig einverstanden.	Sono completamente d'accordo.
Wir sind also einer Meinung.	Insomma siamo della stessa opinione.
Ich sehe das ganz genauso.	Io la vedo esattamente così.
Wir sind uns einig.	Siamo d'accordo.
Ich bin der gleichen Meinung.	Sono dello stesso parere.
Ich teile Ihre Ansicht.	Condivido il Suo punto di vista.
Das ist auch *meine Meinung / meine Ansicht / mein Standpunkt / mein Eindruck*.	È anche *la mia opinione / il mio punto di vista / la mia posizione / la mia impressione*.
Wir haben anscheinend ähnliche Ansichten.	Sembra che abbiamo delle opinioni simili.
So sehe ich es auch.	La vedo così anch'io.
Wir brauchen mehr Zeit. – Das finde ich auch.	Ci serve più tempo. – Sono sulla stessa linea.
Ich bin (hundert Prozent) einverstanden.	Sono d'accordo (al cento per cento).

Invece di *hundert Prozent* potete anche dire *hundertprozentig*.

Das denke ich auch.	La penso così anch'io.
Ich glaube, du hast recht.	Credo che tu abbia ragione.
Wir sind in dieser Sache einer Meinung.	Su questo argomento siamo dello stesso avviso.
Da ist viel Wahres dran.	C'è molto di vero in questo.
Nur zu wahr.	Non potrebbe essere più vero.
So ist es. / Genau.	*Proprio così. / Esattamente.*
Natürlich. / Und ob.	*Naturalmente. / Eccome.*
Ich mag diese Idee. – Ich auch.	Quest'idea mi piace. – Anche a me.
Das kannst du laut sagen.	Lo puoi dire forte!
Davon bin ich überzeugt.	Ne sono convinto / convinta.
Das ist korrekt.	È corretto.
Was Sie da *sagen / denken*, ist korrekt.	Quello che (Lei) *dice / pensa* è corretto.
Ich bin sehr dafür, (das zu tun).	Sono molto favorevole (a farlo).
Sie haben meine volle Unterstützung.	Ha tutto il mio sostegno.
Du hast den Nagel auf den Kopf getroffen.	Hai colpito proprio nel segno.
Das hätte ich selbst nicht besser sagen können.	Non sarei riuscito a esprimerlo meglio.
Du liegst genau richtig.	Hai fatto centro.

La parola *laut* ha qui una funzione enfatizzante e non si riferisce al reale volume acustico della conversazione.

In tedesco si impiega il modo di dire *den Nagel auf den Kopf treffen* quando qualcuno esprime l'essenziale in maniera precisa e puntuale. Si vedano nella box qui sotto altri modi di dire con *Nagel*.

Bene a sapersi!

La parola *Nagel* compare in molte espressioni idiomatiche del tedesco:

- *Wir müssen Nägel mit Köpfen machen.* = Dobbiamo fare le cose come si deve.
- *Die Sache brennt mir unter den Nägeln.* = Devo fare qualcosa molto urgentemente e non posso attendere oltre.
- *Ich hänge meinen Job an den Nagel.* = Appendo al chiodo il mio lavoro. Smetto di lavorare.

H

Esprimere un'opinione

31 Widersprechen
Esprimere disaccordo

Ich bin mir nicht sicher, ob ich einverstanden bin.	Non sono proprio sicuro / sicura di essere d'accordo.
Tut mir leid, ich stimme (*Ihnen / dem*) nicht zu.	Mi dispiace, ma non sono d'accordo (*con Lei / su questo punto*).
Ich bin leider anderer Meinung.	Purtroppo sono di un'altra opinione.
Ich glaube eigentlich nicht, dass man das so sagen kann.	In realtà non credo che si possa dire così.
Da habe ich (so) meine Zweifel.	Ho i miei dubbi in materia.
Das bezweifle ich eher.	Ne dubito.
Ich bezweifle sehr, dass dies der Fall ist.	Dubito fortemente che sia questo il caso.
Da bin ich mir nicht so sicher.	Non ne sono così sicuro / sicura.
Das scheint eher unwahrscheinlich.	Questo mi appare piuttosto improbabile.
Ich bin eher skeptisch.	Sono piuttosto scettico / scettica.
Ich glaube, es liegt ein Missverständnis vor.	Credo che ci sia un equivoco.
Unsere Meinungen scheinen in dieser Sache auseinanderzugehen.	Le nostre opinioni in materia sembrano essere discordanti.
Wir sind (darüber) anderer Meinung.	(Su questo punto) siamo di parere diverso.
Wir haben unterschiedliche Ansichten.	Abbiamo differenti punti di vista.

Dopo *ich stimme zu* segue il dativo: *Ich stimme **dir** / **deinem** Vorschlag zu.*

Se siete attratti da qualcosa, ma non siete completamente sicuri delle vostre sensazioni, potete utilizzare l'avverbio *eher* per smorzare l'effetto. Se invece volete sottolineare le vostre convinzioni, è meglio rinunciare a *eher*: *Ich bin skeptisch.*

Wir müssen es dabei belassen, dass wir unterschiedlicher Meinung sind.	Non ci resta che constatare che siamo di diverso avviso.
Ich bin dagegen.	Sono contrario / contraria.
Wir sind in dieser Sache unterschiedlicher Meinung.	Su questo punto siamo di opinione diversa.
Ich muss Ihnen in Bezug auf das, was Sie gerade gesagt haben, widersprechen.	Devo contraddirLa riguardo a quello che ha appena detto.
Das würde ich stark bezweifeln.	Lo metterei fortemente in dubbio.
Das ist nicht *richtig / korrekt*.	Non è *giusto / corretto*.
Das kann doch nicht wahr sein.	Da non crederci!
Ich bin völlig anderer Meinung.	Ho un'opinione completamente diversa.
Da liegen Sie ganz falsch.	(Lei) è proprio sulla strada sbagliata.
Du bist auf der falschen Fährte.	Sei proprio fuori strada.
Das sehe ich (gar) nicht so.	Non la vedo (affatto) così.
Da muss ich *dir / Ihnen* widersprechen.	Qui *ti / La* devo contraddire.
Sie sind sich absolut nicht einig.	(Loro) non sono per niente concordi.
Sie liegen sich in den Haaren.	(Loro) sono sul piede di guerra.

Attenzione a come si scrive: *Ich muss Ihnen widersprechen* viene utilizzato per segnalare che non si è d'accordo con l'opinione di un'altra persona. *Wir müssen uns wieder sprechen* invece qualcosa di simile a: Dobbiamo riparlarne in un altro momento.

Bene a sapersi!
Se volete associarvi a un'opinione negativa, potete utilizzare gli avverbi *auch* o *ebenfalls*:

- *Ich bin gegen diese Idee. – Ich auch.* (Anch'io.)
- *Mir gefällt sein Vorschlag nicht. – Mir auch nicht.* (Nemmeno a me.)
- *Ich bin einer völlig anderen Meinung. – Ich ebenfalls.* (Anch'io. / Pure io.)

H

Esprimere un'opinione

32 Beschwerden und Reklamationen
Lamentele e reclami

Es tut mir leid, aber ich habe eine Beschwerde.	Mi dispiace, ma ho un reclamo da fare.
Ich muss mich leider über den Service beschweren.	Purtroppo devo lamentarmi del servizio.
Es gibt leider ein kleines Problem.	Purtroppo c'è un piccolo problema.
Es scheint etwas nicht in Ordnung zu sein.	Sembra che ci sia qualcosa che non va.
Das Bad ist nicht gereinigt worden.	Il bagno non è stato pulito.
Es gibt keine Handtücher.	Non ci sono asciugamani.
Die Glühbirne ist kaputt.	La lampadina è rotta.
Etwas stimmt mit der Klimaanlage nicht.	C'è qualcosa che non funziona nell'aria condizionata.
Die Toilette ist verstopft.	Il gabinetto è intasato.
Die Heizung *geht* / *funktioniert* nicht.	Il riscaldamento non funziona.
Er / *Sie* / *Es* ist zu ...	È troppo ...
... groß.	... grande.
... klein.	... piccolo / piccola.
... lang.	... lungo / lunga.
... kurz.	... corto / corta.
Der Reißverschluss ist kaputt.	La cerniera (lampo) è rotta.
Das Auto ist dreckig.	La macchina è sporca.
Ein Teil fehlt.	Manca un pezzo.
Wenn ich den Knopf drücke, passiert nichts.	Se premo sul pulsante non succede niente.

reinigen = putzen = sauber machen
Das Zimmer ist nicht gereinigt / geputzt / sauber gemacht worden.

Gehen non significa solamente spostarsi a piedi, si utilizza invece anche come sinonimo colloquiale per *funktionieren*. Se qualcosa non funziona, nel linguaggio colloquiale è *kaputt*.

Der Bildschirm / Das Display bleibt schwarz.	*Lo schermo / Il display* resta nero.	
Können Sie das bitte richten?	Lo / La può aggiustare per favore?	*richten = reparieren*
Ich bin sicher, dass wir einen Weg finden, das Problem zu lösen.	Sono sicuro / sicura che troveremo un modo per risolvere il problema.	
Ich weiß, dass das nicht Ihre Schuld ist.	Lo so che non è colpa Sua.	
Ich hätte gern Ersatz.	Gradirei avere un ricambio.	La parola *Ersatz* in tedesco non ha una connotazione negativa e definisce cose / persone che sostituiscono altre cose / persone.
Ich will mein Geld zurück.	Voglio riavere i miei soldi.	
Das kann ich nicht hinnehmen.	Non posso accettarlo.	
Es ist mein gutes Recht, mein Geld zurückzufordern.	È il mio buon diritto farmi restituire i soldi.	
Ich will mit *dem Geschäftsführer / der Geschäftsführerin* sprechen.	Voglio parlare con *il direttore / la direttrice.*	
Ich will die zuständige Person sprechen.	Pretendo di parlare con il / la responsabile.	
Ich werde die Angelegenheit bei Ihrem Vorgesetzten ansprechen müssen.	Dovrò parlare di questa faccenda con il Suo superiore.	
Ich verbitte mir eine solche Behandlung.	Non Le permetto di trattarmi così.	Il verbo *verbitten* equivale a una forte e molto energica richiesta di astenersi dal fare qualcosa. *Behandeln Sie mich bitte nicht so* è meno forte e molto più gentile.

Bene a sapersi!
È molto più probabile ottenere il risultato sperato formulando una lamentela in maniera cortese, anche se decisa. Se premettete alla vostra richiesta un *Entschuldigen Sie bitte ...* (Scusi, per cortesia ...) e inoltre attenuate la frase con il verbo *scheinen*, la vostra lamentela suonerà molto meno aggressiva o negativa: *Die Heizung scheint nicht zu funktionieren.* (Sembra che il riscaldamento non funzioni.) Raddoppiano così anche le possibilità che il problema venga risolto rapidamente.

I

In giro per la città

33 Vorschläge und Empfehlungen
Proposte e raccomandazioni

Attenzione: In tedesco la parola *Tipp* si scrive con due p.

ein paar (scritto minuscolo) = alcuni (p. e. *ein paar Schuhe,* cioè alcune scarpe raffazzonate che non per forza debbono combinarsi bene insieme)
ein Paar (scritto maiuscolo) = due cose in relazione fra di loro (p.e. *ein Paar Schuhe,* cioè due scarpe che si combinano, una per ogni piede)

Welche Sehenswürdigkeiten können Sie uns empfehlen?	Quali attrazioni turistiche ci può consigliare?
Was schlagen Sie (uns) vor?	Che cosa (ci) propone?
Können Sie uns ein paar Tipps geben?	Ci può dare qualche consiglio?
Können Sie uns ein Restaurant empfehlen?	Ci può raccomandare un ristorante?
Haben Sie vielleicht ein paar Anregungen für uns?	Per caso ha qualche suggerimento da darci?
Wie wäre es mit Kino?	E se andassimo al cinema?
Sie könnten in einen Themenpark gehen.	Potreste andare in un parco a tema.
Wir könnten die Altstadt besichtigen.	Magari potremmo visitare il centro storico.
Warum gehen wir nicht zum Strand?	Perché non andiamo sulla spiaggia?
Lasst uns eine Bootsfahrt machen!	Facciamo un giro in barca!
Ich schlage vor, wir ruhen uns aus und machen dann weiter.	Propongo di fare un riposino e poi di continuare.
Kann / Darf ich einen anderen Vorschlag machen?	*Posso / Potrei* fare un'altra proposta?
Wenn ich einen anderen Vorschlag machen dürfte, ...	Se permettete, farei un'altra proposta ...
Ich habe eine bessere Idee.	Ho un'idea migliore.

Wenn ihr möchtet, können wir unser Auto nehmen.	Se volete, possiamo prendere la nostra macchina.
Möchtest du, dass ich euch hinbringe?	Ti fa piacere se vi ci porto io?
Sollen wir uns in einer halben Stunde (an der Rezeption) treffen?	Vogliamo incontrarci fra mezz'ora (alla reception)?
Vielleicht möchten Sie im „Lummerland" einen Cocktail trinken?	Magari volete prendere un cocktail al bar "Lummerland"?
Das Beste wäre, sich um neun zu treffen.	La cosa migliore sarebbe incontrarci alle nove.
An deiner Stelle würde ich online *reservieren / buchen.*	Al posto tuo farei una prenotazione online.
Ich würde sehr empfehlen, vorher zu *reservieren / buchen.*	Vi consiglierei caldamente di prenotare in anticipo.
Wir könnten einfach in eine Kneipe gehen.	Potremmo andare semplicemente in birreria.
Mir fällt nichts Besseres ein, also könnten wir auch einfach das tun, was Anna vorschlägt.	A me non viene in mente niente di meglio, quindi potremmo fare anche quello che propone Anna.
Hör auf meinen Rat: Es ist die Mühe nicht wert.	Dai retta a me: non ne vale la pena.

Möchten è molto più gentile e meno forte di *wollen*: *Ich möchte bitte ein Eis.*

Una camera d'albergo si può *buchen* o *reservieren.*
Se invece volete prenotare un tavolo in un ristorante o un posto al cinema a una certa ora, utilizzate il verbo *reservieren*: *Ich möchte einen Tisch / zwei Kinotickets reservieren.* Per prenotare un volo aereo si utilizza esclusivamente il verbo *buchen*: *Ich möchte einen Flug nach Istanbul buchen.*

Bene a sapersi!
Il miglior modo per fare una proposta in tedesco è *Wie wär's mit ...?* (Che ne dici / dite di ...?) o *Lass(t) uns ...* (Facciamo magari ...). *Lass(t) uns ...* è più diretto di *Wie wär's mit ...?*
Esempi:
Wie wär's mit Erdbeerkuchen? *(Che ne dici di una torta alle fragole?)*
Lasst uns Erdbeerkuchen bestellen. *(Ordiniamo una torta alle fragole.)*

I

In giro
per la città

34 Im Restaurant
Al ristorante

Ich möchte einen Tisch reservieren.	Vorrei prenotare un tavolo.
Für wie viele Personen?	Per quante persone?
Ein Tisch für vier Personen um 19.30 Uhr.	Un tavolo per quattro (persone) alle 19.30.
Nach Möglichkeit hätten wir gern einen Tisch *am Fenster / draußen auf der Terrasse / im Garten / in einer ruhigen Ecke.*	Se possibile preferiremmo un tavolo *alla finestra / fuori sul terrazzo / in giardino / in un angolino tranquillo.*
Wir haben eine Reservierung auf den Namen ...	Abbiamo una prenotazione a nome ...
Sind diese zwei Plätze frei? Hätten Sie was dagegen, wenn wir uns dazusetzen?	Sono liberi questi due posti? Vi dispiace se ci sediamo al Vostro tavolo?
Ich nehme einen Cocktail.	Io prendo un cocktail.
Welche Tagesgerichte gibt es?	Quali sono i piatti del giorno?
Können wir bitte die Speisekarte haben?	Potrebbe portarci il menu per favore?
Haben Sie gewählt?	Avete scelto?
Ich nehme einen Meeresfrüchtesalat als Vorspeise.	Per antipasto prendo un'insalata di mare.
Und als Hauptgericht hätte ich gern die Nudeln mit Lachs.	E come piatto principale prenderei le penne al salmone.
Ich bin *Vegetarier / Vegetarierin.*	Sono *vegetariano / vegetariana.*
Ich bin gegen ... allergisch.	Sono allergico / allergica a ...
Kann ich das Gericht ohne Kartoffeln bekommen?	Potrebbe preparare il piatto senza patate?

Anche se nella lingua scritta la parola *Uhr* viene collocata alla fine, si dice sempre: *19 Uhr 30.*

Queste due domande in Germania sono di uso comune e perfettamente corrette.

Un pasto di più portate in un ristorante si chiama *das Menü.* I *Menüs,* come anche altri piatti si trovano sulla *(Speise)karte.*

Könnte ich statt Kartoffeln mehr Gemüse bekommen?	Mi potrebbe portare un po' più di verdura al posto delle patate?
Ich hätte das Steak gern *blutig / medium / durchgebraten*.	La bistecca la preferirei *al sangue / media / ben cotta*.
Und zu trinken hätten wir gern eine Flasche Wasser *mit / ohne* Kohlensäure.	E da bere gradiremmo una bottiglia d'acqua *con / senza* gas.
Bringen Sie mir bitte *noch ein Messer / eine neue Gabel / einen sauberen Löffel*.	Mi può portare *un altro coltello / un'altra forchetta / un cucchiaio pulito*?
Ich bin satt.	Sono sazio / sazia.
Ich bin fertig.	Ho finito.
Für mich bitte kein Dessert.	Per me niente dessert, grazie.
Die Rechnung, bitte.	Il conto per favore.
Ist der Service inbegriffen?	Il servizio è incluso?
Bezahlen wir hier oder *an der Theke / am Ausgang*?	Paghiamo qui o *al banco / all'uscita*?
Wir teilen die Rechnung.	Dividiamo il conto.
Das übernehme ich.	Offro io.
Dann bin ich nächstes Mal dran.	Allora la prossima volta tocca a me.

La parola *Gemüse* è un nome collettivo che si usa per diversi tipi di verdura pur essendo utilizzata al singolare: ***Das** Gemüse **ist** sehr lecker.*

***das** Messer, **die** Gabel, **der** Löffel*

Si differenzia fra: *die Vorspeise* (l'antipasto), *die Hauptspeise* (il piatto principale) e *die Nachspeise* (il dolce / il dessert). Invece di *Nachspeise* si può dire anche *der Nachtisch* o *das Dessert* (pronunciato alla francese).

Bene a sapersi!

Di regola in Germania il conto al ristorante o in un caffè si paga direttamente al tavolo. Una volta terminato di mangiare, si alza la mano e si fa un segno alla cameriera (*die Kellnerin*) o al cameriere (*der Kellner*) e si dice: *Die Rechnung, bitte.* Oltre all'importo del conto è di uso comune lasciare una mancia (*das Trinkgeld*) – in genere questa va dal cinque al dieci per cento dell'ammontare del conto. Se non volete che vi restituiscano il resto, potete dire *Stimmt so*. Se invece non siete contenti del servizio, non siete tenuti a lasciare la mancia.

I

In giro per la città

35 Shopping
Shopping

Wie viel kostet das?	Quanto costa?
Das ist (mir) leider zu teuer.	Purtroppo (per me) è troppo caro / cara.
Das ist mehr als ich ausgeben wollte.	È più di quanto volevo spendere.
Haben Sie etwas Günstigeres?	Ha qualcosa di più conveniente?
Ich suche ein Geburtstagsgeschenk.	Cerco un regalo per un compleanno.
Haben Sie etwas, das einer älteren Person gefallen könnte?	Avete qualcosa di adatto a una persona anziana?
Kann ich Ihnen helfen? – Danke, ich schaue nur.	Le posso essere di aiuto? – No grazie, do solo uno sguardo.
Ich nehme es.	Lo / La prendo.
Danke, ich möchte es nicht.	Grazie, non lo / la prendo.
Kann ich das bitte anprobieren?	Lo / La posso provare, per favore?
Wo ist die Umkleide?	Dove sono i camerini?
Haben Sie es in einer anderen Farbe?	Ce l'avete anche in un colore diverso?
Haben Sie es eine Nummer *größer / kleiner*?	Avete una taglia più *grande / piccola*?
Ich habe Größe 46. Ich weiß nicht, welcher Größe das in Deutschland entspricht.	Io porto la 46. Non so a quale taglia corrisponde in Germania.
Passt es *Ihnen / dir*?	*Le / Ti* sta bene?

L'aggettivo *billig* ha una connotazione piuttosto negativa e viene spesso associato con qualcosa a buon mercato, ma anche di bassa qualità. In alternativa possono essere usati gli aggettivi *günstig* e *preiswert,* connotati positivamente.

Wo ist die Umkleide? = Wo sind die Umkleidekabinen?

Größe è l'abbreviazione di *Kleidergröße*. Questa varia da Paese a Paese.

Es ist zu *eng / klein / weit / groß.*	È troppo *stretto / piccolo / largo / grande.*
Es steht *Ihnen / dir.*	*Le / Ti* sta bene.
Passt *er / sie / es* zu dieser Jacke?	(Ci) sta bene con questa giacca?
Das ist genau das, was ich mir vorgestellt habe.	È esattamente quello che cercavo.
Es ist nicht ganz das, was ich gesucht habe.	Non è proprio esattamente quello che cercavo.
Können Sie es als Geschenk einpacken?	Mi può fare un pacchetto regalo?
Haben Sie eine Einkaufstüte?	Ha una busta?
Kann ich das umtauschen?	Lo / La posso cambiare?
Ich möchte das zurückgeben.	Vorrei renderlo / renderla indietro.
Haben Sie noch die Quittung?	Ha ancora lo scontrino?
Eigentlich hätte ich gern mein Geld zurück.	In realtà vorrei avere indietro i miei soldi.
Geben Sie bitte Ihre PIN ein. Und drücken Sie die grüne Taste, um zu bestätigen.	Digiti il suo codice PIN. E poi prema sul tasto verde di conferma.
Zu dieser Karte gibt es keine PIN, ich muss unterschreiben.	Per questa carta non c'è un codice PIN, devo firmare.
Können Sie mir Kleingeld rausgeben?	Avrebbe degli spiccioli?

Una *Tüte* è un sacchetto di carta o di plastica leggera per trasportare generi alimentari od oggetti. Alla cassa dei negozi vi chiederanno spesso: *Möchten Sie eine Tüte haben?* Per ragioni legate alla protezione dell'ambiente in genere dovete pagare alcuni cent per la *Tüte*. Una *Tasche* invece è un contenitore di stoffa o di cuoio con ansa, impugnature o bandoliera.

Bene a sapersi!
In Germania non esiste un orario unitario di apertura commerciale. Sono differenti da un Land federale all'altro. Mentre per esempio in Baden-Württemberg i negozi possono rimanere aperti giorno e notte dal lunedì al sabato, in Baviera l'apertura è permessa fra le 6 le 20. Un divieto di apertura domenicale e nei festivi vale per tutta la Germania, anche se in alcuni settori commerciali ci sono eccezioni come p.e. per le panetterie e per i distributori di benzina.

36 In der Unterkunft
In albergo

Haben Sie Zimmer frei?	Avete delle camere libere?
Wir suchen ein *Einzelzimmer / Doppelzimmer / Mehrbett-zimmer*.	Cerchiamo *una singola / una doppia / una camera con più letti*.
Wir suchen für heute Nacht ein Privatzimmer mit Frühstück.	Cerchiamo un bed & break-fast per stanotte.
Wir hätten gern *ein ruhiges Zimmer / ein Zimmer, das nach hinten geht*.	Gradiremmo *una stanza silenziosa / una camera che dà sul retro*.
Alle unsere Zimmer haben ein eigenes Bad.	Tutte le nostre camere hanno un bagno.
In all unseren Zimmern gibt es eine Minibar.	In tutte le nostre camere c'è un minibar.
Wie viel kostet es?	Quanto costa?
Ist das Frühstück inbegriffen?	La (prima) colazione è inclusa?
Wir haben eine Reservierung für drei Nächte auf den Namen ...	Abbiamo una prenotazione per tre notti a nome ...
Können Sie bitte das Anmeldeformular ausfüllen?	Può riempire il modulo per favore?
Können Sie bitte hier unterschreiben?	Può firmare qui cortesemente?
Wie wollen Sie bezahlen?	Come vuole pagare?
Das Zimmer wurde über das Internet gebucht und im Voraus bezahlt.	La camera è stata prenotata via Internet ed è stata pagata in anticipo.

Doppelzimmer = camera con la possibilità di pernottamento per due persone in un letto matrimoniale o in letti singoli. *Mehrbettzimmer* = camera con letti per tre o più persone.

Attenzione: *ein Formular **ausfüllen***

Wenn Sie bar bezahlen, brauche ich Vorauskasse.	Se paga in contanti, deve pagare in anticipo.
Das Zimmer ist noch nicht fertig. Check-in ist ab 14 Uhr.	La camera non è ancora pronta. Il check-in è a partire dalle 14.
Kann ich mein Gepäck hierlassen?	Posso lasciare qui il mio bagaglio?
Um wie viel Uhr ist Frühstück?	A che ora è la (prima) colazione?
Wo ist der *Aufzug / Fitnessraum / Wellnessbereich*?	Dov'è *l'ascensore / il fitness / il centro benessere*?
Wie ist das Passwort für das Internet?	Qual è la password per Internet?
Haben Sie einen Stadtplan?	Avete una cartina della città?
Haben Sie *einen Fön / einen Safe*?	Avete *un fon / una cassaforte*?
Wir möchten *um eine Nacht verlängern / noch eine Nacht bleiben*.	Vorremmo *prolungare il soggiorno di una notte / rimanere ancora una notte*.
Ich möchte *auschecken / die Rechnung bezahlen*.	Vorrei *fare il check-out / pagare il conto*.
Nein, nichts aus der Minibar.	No, niente dal minibar.

der Aufzug = der Fahrstuhl = der Lift

Bene a sapersi!
Come in altri Paesi anche gli alberghi tedeschi sono suddivisi per categorie in base al numero di stelle. In genere vengono attribuite da 1 a 5 stelle (p.e. *Vier-Sterne-Hotel*). L'attribuzione delle stelle non è unitaria per tutta la Germania e il numero di stelle non rivela per forza qualcosa riguardo alla qualità del servizio o alla pulizia dell'albergo. Determinanti sono in genere dei criteri formali come l'arredamento delle camere o dei bagni. Possono essere di aiuto anche le recensioni degli ospiti sui portali degli alberghi.

J

Tempo libero

37 Das interessiert mich
I miei interessi

die Doku = *der Dokumentarfilm*

Maggiori informazioni sulla parola *Rezept* a pagina 27.

die Soap = *die Seifenoper*
Si tratta di una lunghissima serie che viene trasmessa giornalmente in televisione alla stessa ora. *Lindenstraße* è las più antica *Soap / Seifenoper* della televisione tedesca.

Se vi state dirigendo verso la vostra casa, andate *nach Hause*. Se siete già nella vostra casa siete *zu Hause*.

Ich schaue sehr gern alte Filme.	Mi piace tantissimo guardare i vecchi film.
Ich schaue mir gern Reise-Dokus an.	Guardo volentieri i documentari di viaggio.
Ich höre gern Musik.	Mi piace ascoltare la musica.
Ich übernehme meistens das Kochen und probiere gern neue Rezepte aus.	In genere mi occupo io della cucina e sperimento volentieri delle nuove ricette.
Ich gehe einfach gern raus und treffe mich mit meinen Freunden im Café.	Mi piace molto uscire e incontrare gli amici al bar.
Ich lese nicht viel.	Non leggo molto.
Ich bringe mir das Gitarrespielen bei.	Sto imparando a suonare la chitarra da solo / sola.
Ich gehe ziemlich oft auf Flohmärkte.	Vado spesso ai mercatini delle pulci.
Ich verpasse keine Folge meiner Lieblingssoap, wenn ich es irgendwie vermeiden kann.	Se ci riesco, non perdo una puntata della mia telenovela preferita.
Heimwerken ist genau mein Ding.	Sono un patito / una patita del «fai da te».
Ich sammle Parfümflakons.	Faccio la raccolta di flaconcini di profumo.
Ich habe einen Hund; das hilft mir, aus dem Haus zu kommen.	Ho un cane; è uno stimolo per uscire di casa.
Wenn ich nach Hause komme, ruhe ich mich erst mal aus.	Quando torno a casa mi riposo un po'.

Ich verbringe viel Zeit *mit Twitter und Skype / auf Facebook.*	Passo molto tempo *su Twitter e Skype / su Facebook.*
Ich interessiere mich für alles, was mit Computern zu tun hat.	Mi interessa tutto quello che riguarda i computer.
Ich interessiere mich für Computerspiele.	Mi interessano i videogiochi.
Wir nehmen jede Gelegenheit wahr, zu verreisen.	Cogliamo qualsiasi occasione per fare dei viaggi.
Ich bin süchtig nach Sudoku.	Il sudoku mi fa impazzire.
Ich bin begeisterter Hobbygärtner.	Ho una grande passione per il giardinaggio.
Dabei kann ich mich sehr gut entspannen.	È un ottimo metodo per rilassarmi.
Ich verbringe ziemlich viel Zeit vor dem Fernseher.	Passo molto tempo davanti al televisore.
Ich spiele in einer Amateurtheatergruppe mit.	Recito in un gruppo di teatro amatoriale.
Margarete arbeitet ziemlich viel ehrenamtlich.	Margarete è molto impegnata nel volontariato.
In der wenigen Freizeit, die ich habe, möchte ich es ruhig angehen lassen.	Nel poco tempo libero che ho, vorrei prendermela comoda.
Ich habe nichts, was ich als Hobby bezeichnen würde.	Non ho nessun interesse che si possa definire un hobby.
Ich interessiere mich nicht für Politik.	Non mi interesso di politica.
Ich versuche auf dem Laufenden zu bleiben.	Cerco di mantenermi aggiornato / aggiornata.

Sinonimo: *ich sehe ziemlich viel fern* (dal verbo separabile ***fernsehen***). Se volete sapere quali parole utilizzare al posto di *ziemlich,* gettate uno sguardo a pagina 21.

das Hobby (singolare) → *die Hobbys* (plurale)

Bene a sapersi!
Attenzione alle preposizioni:
Ich verbringe viel Zeit ***mit*** *Tanzen / Lesen / Skype.*
(Passo molto tempo ballando / leggendo / su Skype.)
Ich verbringe viel Zeit ***vor*** *dem Fernseher / Computer.*
(Passo molto tempo davanti al televisore / computer.)
Ich interessiere mich ***für*** *...* (Mi interesso di ...)

J

Tempo libero

38 Sport ist mein Ding
Lo sport è la mia passione

Ich habe letztes Jahr mit *Golf / Kampfsport* angefangen.	L'anno scorso ho iniziato a *giocare a golf / fare arti marziali*.
Hätten Sie Lust auf eine Runde Golf?	Avrebbe voglia di giocare a golf?
Ich spiele nicht gut *Golf / Fußball*.	Non gioco bene a *golf / calcio*.
Ich habe mein Sportzeug vergessen.	Ho dimenticato la mia attrezzatura sportiva.
Ich bin *begeisterter Wassersportler / begeisterte Wassersportlerin*.	Sono *appassionato / appassionata* di sport acquatici.
Ich *segle / windsurfe / fahre Wasserski / mache Sporttauchen*.	Pratico *la vela / il windsurf / lo sci nautico / l'immersione sportiva*.
Heute gibt es eine schöne stetige Brise, nicht zu leicht, nicht zu steif.	Oggi c'è un bel vento costante, né troppo debole né troppo forte.
Kann ich eine Rettungsjacke ausleihen?	Posso prendere in prestito il giubbotto di salvataggio?
Ist das Boot voll ausgestattet?	La barca è completamente attrezzata?
Es wurde eine Sturmwarnung ausgegeben.	È stato emesso un avviso di tempesta.
Wir gehen am Wochenende meistens wandern.	Il fine settimana in genere facciamo delle camminate.
Es gibt einen Wanderweg entlang der Küste.	C'è un sentiero lungo la costa.
Es gibt keine markierten Wanderwege.	Non ci sono dei sentieri segnati.

La parola *Lust* esprime una forte motivazione interiore. Potete utilizzarla con la preposizione *auf* o *zu*, tenendo tuttavia presente le differenze grammaticali: *Ich hätte Lust* ***auf*** ... + accusativo. *Ich hätte Lust* ***zu*** ... + dativo. *Hätten Sie Lust* ***auf eine / zu einer*** *Runde Golf?*

Un vento molto forte in tedesco si chiama *der Sturm*. Quando tira un vento molto forte, si dice: *Es ist sehr stürmisch heute.*

Wir haben eine Rundwanderung gemacht.	Abbiamo fatto un percorso circolare a piedi.
Wo finde ich *einen Bergführer / eine Bergführerin*?	Dove trovo una guida alpina?
Ist es sehr steil?	È molto ripido / ripida?
Gehen Sie oft ins Fitness-Studio?	Va spesso in palestra?
Ich mache Zirkeltraining.	Faccio allenamento a circuito.
Ich versuche drei Mal die Woche zu trainieren.	Cerco di allenarmi tre volte a settimana.
Ich gehe regelmäßig ins Pilates.	Faccio regolarmente Pilates.
Ich stehe total auf Zumba.	Vado matto / matta per la zumba.
Ich tanze gern.	Mi piace ballare.
Ich gehe joggen.	Faccio jogging.
Ich mache Leichtathletik.	Pratico l'atletica leggera.
Ich schwimme.	Pratico il nuoto.
Ich gehe inlineskaten.	Faccio pattinaggio in-line.
Ich laufe Marathon.	Corro la maratona.
Im Winter gehe ich *Ski fahren / langlaufen*.	In inverno vado a *sciare / fare sci di fondo*.
Ich gehe Schlittschuh laufen.	Faccio pattinaggio.
Ich gehe rodeln.	Faccio slittino.

A proposito della differenza fra *Fitness-Studio* e *Turnhalle* si veda pagina 35.

Der Marathon non è solo la forma abbreviata per *der Marathonlauf.* La parola designa anche qualcosa di interminabile e spossante.

Bene a sapersi!
Verbi semplici che descrivono attività sportive possono essere coniugati come gli altri verbi: *Ich laufe / jogge / schwimme.* Se volete esprimere che vi state dirigendo verso un luogo per fare attività sportiva, potete combinare i verbi "sportivi" con *gehen* o *fahren*. Il verbo originario continua a essere scritto con la minuscola: *Ich gehe joggen / langlaufen / schwimmen.* Nel caso di un verbo composto e separabile, il relativo sostantivo principale viene scritto con la maiuscola e il verbo che lo accompagna con la minuscola: *Ich gehe Schlittschuh laufen / Ski fahren.*

J

Tempo libero

39 Kunst und Kultur
Arte e cultura

Wann *öffnet / schließt* das Museum?	Quando *apre / chiude* il museo?
Wann ist die nächste Führung?	Quando comincia la prossima visita guidata?
Haben Sie einen italienischsprachigen Audio-Führer?	Avete un'audioguida in italiano?
Ist es erlaubt, zu fotografieren?	È permesso fotografare?
Die Sonderausstellung eröffnet morgen.	L'esposizione temporanea si inaugura domani.
Was kostet der Katalog?	Quanto costa il catalogo?
Kann ich meine Tasche mit reinnehmen?	Posso portare dentro la mia borsa?
In welchem Stock sind die Gemälde von Dürer?	A quale piano si trovano i quadri di Dürer?
Nicht berühren.	È vietato toccare.
Gibt es *Exponate zum Anfassen / interaktive Exponate*?	Ci sono opere esposte *che si possono toccare / interattive*?
Ich dachte, es wäre eine Attrappe, aber es ist echt.	Pensavo che fosse un'imitazione, invece è autentica.
Ich mag *Landschaften / Stillleben / Selbstporträts*.	Mi piacciono *i paesaggi / le nature morte / gli autoritratti*.
Ich habe nicht viel übrig für moderne Kunst.	Non ho grande simpatia per l'arte moderna.
Lasst uns Pause machen und ins Café gehen.	Facciamo una pausa e andiamo al caffè.

Se vi piace scattare foto (singolare: *das Foto*, plurale: *die Fotos*), potete dire: *Ich fotografiere gerne* o più colloquialmente *Ich mache / schieße / knipse gerne Fotos.*

Eine Attrappe è una ingannevole rappresentazione realistica di un oggetto. Un'opera d'arte può essere *echt* o *eine Fälschung*: *Dieses Bild ist echt / eine Fälschung.*

Möchten Sie heute Abend *in die Oper / ins Theater / in ein Konzert* gehen?	Stasera vi farebbe piacere andare *all'opera / a teatro / a un concerto*?
Wir treffen uns im Foyer.	Ci incontriamo nel foyer.
Die Eintrittskarten sind auf meinen Namen reserviert.	I biglietti di ingresso sono prenotati a mio nome.
Gibt es noch Karten?	Ci sono ancora biglietti?
In welcher Reihe sind wir?	In quale fila siamo?
Entschuldigung, ich glaube, Sie sitzen auf meinem Platz.	Mi scusi, ma credo che Lei sia seduto / seduta al mio posto.
Was *spielen sie / führen sie auf*?	Che cosa *danno / mettono in scena*?
Wann beginnt die Aufführung?	Quando comincia lo spettacolo?
Gibt es eine Pause?	C'è un intervallo?
Es ist die *Uraufführung / Premiere*.	È la *prima assoluta / prima*.
Er / Sie / Es hat sehr gute Kritiken bekommen.	Ha avuto delle ottime recensioni.
Wer führt Regie?	Chi è il / la regista?
Wer dirigiert?	Chi dirige?
Der Hauptdarsteller / Die Hauptdarstellerin war fantastisch.	*Il protagonista è stato fantastico / La protagonista è stata fantastica.*
Konnten Sie der Handlung folgen?	È riuscito / riuscita a seguire l'azione?
Wer hat das Stück geschrieben?	Chi ha scritto il pezzo?
Die Akustik war großartig.	L'acustica era stupenda.
Es gab zwei Zugaben.	Ci sono stati due bis.

Die Oper (opera musicale) e ***der** Opa* (colloquiale per "nonno") vengono spesso pronunciati nello stesso modo, pur avendo articoli differenti ed essendo scritti in maniera diversa.

Ein Regisseur / Eine Regisseurin conduce la regia (*Regie führen*), *ein Dirigent / eine Dirigentin* dirige un'orchestra (*dirigieren*).

Bene a sapersi!
Fra un'opera d'arte, un film, un pezzo teatrale o un libro e il loro creatore potete stabilire una relazione grazie alla preposizione *von*: *ein Gemälde / ein Roman / ein Film **von …***

J

Tempo libero

40 Popkultur
Cultura pop

In tedesco se un film o un pezzo teatrale sono in regolare programmazione si utilizza il verbo *laufen*: *Was läuft im Kino / im Fernsehen?*

Se un film debutta nelle sale e resta in programmazione per un certo periodo di tempo, si utilizza il verbo *anlaufen* e si dice: *Der Film **läuft** bald in den Kinos **an**.* Se il film viene commercializzato in DVD, si utilizza il verbo *veröffentlichen*: *Der Film wird auf DVD veröffentlicht.*

Hättest du Lust, ins Kino zu gehen?	Avresti voglia di andare al cinema?
Wir könnten den neuen James-Bond-Film anschauen.	Potremmo andare a vedere il nuovo film di James Bond.
Super! Gerne.	Fantastico! Con piacere.
Ich gehe nicht so gern ins Kino.	Non vado volentieri al cinema.
Was läuft im Kino?	Che cosa c'è al cinema?
Wo läuft er?	Dove lo danno?
Vorführungen sind um 18.30, 20.30 und 22.30 Uhr.	Le proiezioni sono alle 18.30, alle 20.30 e alle 22.30.
Gehen wir in die Spätvorstellung?	Andiamo all'ultimo spettacolo?
Der Film *läuft gerade an / ist noch nicht angelaufen*.	Il film *è appena / non è ancora* uscito.
Was läuft im Fernsehen?	Che cosa c'è alla televisione?
Die Kritiken sind alle sehr positiv.	Le critiche sono tutte molto positive.
Dieser Film hat mir nicht so gut gefallen wie der vorige.	Questo film mi è piaciuto meno di quello precedente.
... ist meine Lieblingsserie. Ich habe alle Staffeln auf DVD.	... è la mia serie televisiva preferita. Ho tutti gli episodi su DVD.
Die Spezialeffekte sind fabelhaft.	Gli effetti speciali sono fantastici.
Die Aufnahmen sind toll.	La fotografia è straordinaria.

Der Film wurde für zwei Oscars nominiert.	Il film ha avuto due nomination per l'Oscar.
Kennst du schon den neuesten Krimi von ...?	Conosci già l'ultimo giallo di ...?
Ich warte schon sehnsüchtig auf den nächsten Band von ...	Non vedo l'ora che esca l'ultimo volume di ...
Ich bin ein Fan von französischen Comics.	Sono un appassionato lettore / un'appassionata lettrice di fumetti francesi.
Das neueste Game von ... hat eine unglaubliche Grafik.	L'ultimo videogioco di ... ha una grafica incredibile.
Kennst du schon die neueste Nachrichten-App?	Conosci già l'ultima App Notizie?
Es gibt jeden Samstag Livemusik.	Ogni sabato c'è musica dal vivo.
Wollen wir clubben gehen?	Vogliamo fare un giro per discoteche?
Die Location hat erstklassige DJs.	In quel locale ci sono dei dj straordinari.
Die Single hat es auf Platz zwei in den Charts geschafft.	Il single è arrivato al secondo posto della hit-parade.
Es ist das Debütalbum der Band.	È l'album di esordio della band.
Ihre letzte Single war ein Mega-Erfolg.	Il suo ultimo single è stato un grande successo.
Sie sind diesen Sommer auf Tournee in Deutschland.	Quest'estate fanno una tournée in Germania.

Der Krimi è la definizione per un romanzo o per un film, nel quale grazie a un detective o a una figura simile viene risolto un caso. In un *Thriller* sono invece in primo piano la tensione e il brivido, la soluzione del delitto è di secondaria importanza.

La parola *Location* viene pronunciata all'inglese.

Bene a sapersi!
Per esprimere che ci si sta dirigendo verso un luogo, si utilizza la preposizione *in* insieme all'accusativo: *Wir gehen in die Disco / in den Park / ins Museum.*
Se ci si trova già in un luogo, la preposizione *in* richiede il dativo: *Wir sind in der Disco / im Park / im Museum.*

K

Viaggi e vacanze

41 Urlaubspläne und Reiseberichte
Progetti per le vacanze e racconti di viaggi

Haben Sie Urlaubspläne?	Ha dei progetti per le vacanze?
Wann nimmst du dieses Jahr deinen Urlaub?	Quando prendi le ferie quest'anno?
Der Donnerstag ist (ein) Feiertag, also nehme ich mir Freitag als Brückentag und mache daraus ein langes Wochenende.	Giovedì è festivo, quindi mi prendo il venerdì di ponte e così faccio un fine settimana lungo.
Ich habe noch Urlaub(stage) übrig, also nehme ich mir Mittwoch und Donnerstag frei.	Mi restano ancora dei giorni di ferie, quindi mi prendo mercoledì e giovedì liberi.
Die Firma schließt zwischen Weihnachten und Neujahr.	La ditta resta chiusa fra Natale e Capodanno.
Wir machen einen Kurzurlaub.	Facciamo una breve vacanza.
Wir versuchen es zu vermeiden, in den Schulferien zu verreisen.	Cerchiamo di evitare di partire durante le vacanze scolastiche.
Wir haben Kinder, also sind wir an die Schulferien gebunden.	Abbiamo figli, quindi siamo legati alle vacanze scolastiche.
Gute Reise.	Buon viaggio.
Schönen Urlaub.	Buone vacanze.
Wir sehen uns, wenn ihr wieder da seid.	Ci vediamo quando ritornate.
Wie war dein Urlaub?	Come sono andate le vacanze?

Poiché in Germania molte festività cadono di giovedì, è usuale prendersi il venerdì come *Brückentag* e combinarlo con il fine-settimana. Si mettono così insieme quattro giorni consecutivi (*das verlängerte Wochenende*) senza dover prendere giorni di ferie.

Poiché in Germania i bambini devono frequentare la scuola in periodi stabiliti ufficialmente, le famiglie possono partire per le vacanze (*in Urlaub fahren*) solo durante le vacanze scolastiche (*die Schulferien*).

Wo warst du?	Dove sei stato / stata?
Wo habt ihr gewohnt?	Dove avete alloggiato?
Wie lange wart ihr verreist?	Quanto tempo siete stati in viaggio?
Wir sind nach Sardinien geflogen und haben eine Woche an der Costa Smeralda verbracht.	Siamo andati in aereo in Sardegna e abbiamo trascorso una settimana sulla Costa Smeralda.
Wir haben eine Ferienwohnung gemietet.	Abbiamo preso in affitto un appartamento.
Wir haben in einem Hotel gewohnt.	Abbiamo alloggiato in un albergo.
Wir haben ein Wohnmobil gemietet und sind zwei Wochen herumgereist.	Abbiamo noleggiato un camper e siamo stati in giro per due settimane.
Wir haben mit Freunden zusammen ein Haus genommen.	Abbiamo preso una casa insieme a degli amici.
Wir haben eine Pauschalreise gebucht.	Abbiamo prenotato un viaggio tutto compreso.
Wir haben eine Kreuzfahrt gemacht.	Abbiamo fatto una crociera.
Wir haben Rucksackferien in Südamerika gemacht.	Abbiamo girato il Sudamerica con zaino e sacco a pelo.
Die Unterkunft war so lala, aber der Strand war vor der Haustür.	L'alloggio era così così, ma la spiaggia era proprio davanti a casa.
Wir haben einfach am Strand gefaulenzt.	Siamo stati sulla spiaggia senza far niente.

Il verbo *wohnen* si utilizza anche se si alloggia temporaneamente in un appartamento per le vacanze o in un hotel.

Per alloggi e veicoli si utilizza il verbo *mieten*; in biblioteca il verbo *ausleihen*.

Bene a sapersi!
In Germania si utilizza di regola la forma verbale del perfetto per parlare delle vacanze trascorse:
Wir sind nach Portugal geflogen.
Wir sind im Meer geschwommen.
Ich habe einen Sonnenbrand bekommen.

K

Viaggi e vacanze

42 Unterwegs
In viaggio

Ich hätte gern einen Platz am *Fenster / Gang*.	Vorrei un posto dal lato del *finestrino / corridoio*.
Darf ich das als Handgepäck mit an Bord nehmen?	Lo posso portare a bordo come bagaglio a mano?
Ich möchte meinen Flug *umbuchen / bestätigen*.	Vorrei *cambiare / confermare* la prenotazione del volo.
Es gab Stau auf dem Weg zum Flughafen und ich habe meinen Flug verpasst.	Sulla strada per l'aeroporto c'era la fila e ho perso il volo.
Der Flug ist verspätet und ich weiß nicht, ob ich meinen Anschlussflug noch bekomme.	Il volo è in ritardo e non so se riuscirò a prendere il volo di coincidenza.
Der Flug ist annulliert worden.	Il volo è stato cancellato.
Ich fürchte, Sie sitzen auf meinem Platz. Ich habe 6B.	Temo che Lei sia seduto / seduta al mio posto. Ho il 6B.
Macht nichts, ich setze mich stattdessen hierher.	Non fa niente, magari mi siedo qui.
Hat das Auto (ein) Navi?	La macchina ha un navigatore satellitare?
Ist das Auto ein Diesel oder ein Benziner?	L'auto è a diesel o a benzina?
Können Sie mir sagen, wie ich nach Puchheim komme?	Mi sa dire come posso arrivare a Puchheim?
Ich habe mich verfahren.	Mi sono perso / persa.
Wo können wir (kostenlos) parken?	Dove possiamo trovare un parcheggio (gratuito)?

Ulteriori informazioni relative all'uso di *Gepäck* si trovano a pagina 7.

Maggiori informazioni relativamente a *annullieren* e verbi simili si trovano a pagina 52.

Se un'auto (*das Auto*) va a benzina (*das Benzin*), viene chiamata colloquialmente *der Benziner*. Se il veicolo funziona con combustibile diesel (*der Diesel*), viene definito esso stesso *der Diesel*.

Ich habe eine Panne.	Ho un guasto.
Können Sie mir einen Pannendienst rufen?	Mi può chiamare il soccorso stradale?
Wir stehen im Stau.	Siamo in coda.
Die Straße ist gesperrt und es gibt eine Umleitung.	La strada è chiusa e c'è una deviazione.

Eine *Einzelfahrkarte / Hin- und Rückfahrkarte* nach Berlin, bitte.	Un biglietto di *sola andata / andata e ritorno* per Berlino, per favore.
Zwei Fahrkarten zum Hauptbahnhof, bitte.	Due biglietti per la stazione centrale, per cortesia.
Welche ist die günstigste Fahrkarte?	Qual è il biglietto più conveniente?
Von welchem Bahnsteig geht der Zug nach Zürich?	Da quale binario parte il treno per Zurigo?
Gilt die Fahrkarte im gesamten Netzbereich?	Il biglietto vale per tutta la rete?
Ich komme mit dem Fahrkartenautomaten nicht zurecht. Können Sie mir bitte helfen?	Non riesco a capire come funziona la biglietteria automatica. Mi può aiutare per gentilezza?
Fährt dieser Bus nach Mainz?	Questo autobus va a Magonza?
Können Sie mir sagen, wo ich aussteigen muss?	Mi può dire dove devo scendere?
Muss ich umsteigen, um zum Deutschen Museum zu kommen?	Devo cambiare per arrivare al Deutsches Museum?
Hält dieser Zug in Ulm?	Questo treno ferma a Ulm?

Bene a sapersi!
In tedesco per esprimere che ci si sposta con un veicolo si usa il verbo *fahren + mit*. La preposizione è seguita da un articolo al dativo. È però anche possibile omettere la preposizione così come l'articolo:
Ich fahre (mit der) Tram / U-Bahn / S-Bahn.
Ich fahre (mit dem) Bus / Fahrrad / Auto.

Relativamente a *Panne* si veda anche pagina 53.

Un apparecchio nel quale si introducono monete, banconote o una tessera bancomat, per comprare o ottenere qualcosa, si chiama *der Automat* (*Geldautomat, Fahrkartenautomat* ecc.).

einsteigen = salire (in treno, autobus ...)
umsteigen = cambiare da un mezzo di trasporto a un altro
aussteigen = scendere (dal treno, dall'autobus ...)

K

Viaggi e vacanze

43 Ausflüge und Besichtigungen
Escursioni e visite

Relativamente alla differenza fra *paar* e *Paar* si veda pagina 70.

Mentre *mögen* esprime una predilezione / simpatia (*ich mag Schokolade* o *er mag mich*) con *möchten* si esprime cortesemente un desiderio (*ich möchte heute Spaghetti essen*).

Wir sind ein paar Tage hier ...	Stiamo qui per un paio di giorni ...
... und wollen uns ein paar Sehenswürdigkeiten anschauen.	... e vogliamo visitare delle attrazioni turistiche.
... und möchten etwas von der *Stadt / Gegend / Region* sehen.	... e vorremmo vedere qualcosa della *città / zona / regione*.
Was gibt es hier in der Gegend zu sehen und zu tun?	Che cosa c'è da vedere e da fare qui in zona?
Können Sie mir etwas *vorschlagen / empfehlen*?	Mi può *consigliare / raccomandare* qualcosa?
Was sind die wichtigsten Sehenswürdigkeiten?	Quali sono le attrazioni turistiche più importanti?
Gibt es dort etwas Interessantes zu sehen?	C'è qualcosa di interessante da vedere lì?
Welche Ausflüge können wir machen?	Quali escursioni possiamo fare?

was = *etwas*

Wir sind keine Kulturfanatiker.	Non siamo proprio dei grandi amanti della cultura.
Wir haben es nicht so mit historischem Zeug und traditionellen Sehenswürdigkeiten.	I luoghi storici e le bellezze turistiche tradizionali non sono il nostro forte.
Wir suchen ein bisschen was *Besonderes / Schräges*.	Cerchiamo qualcosa *di un po' particolare / fuori dal comune*.

Können wir eine Führung mitmachen?	Possiamo partecipare alla visita guidata?

Haben Sie *Prospekte / einen Führer* auf Italienisch?	Avete *dei prospetti informativi / una guida* in italiano?
Wie sind die Öffnungszeiten?	Quali sono gli orari di apertura?
Wann ist die nächste Führung?	Quando comincia la prossima visita guidata?
Ist es weit (entfernt)?	È lontano?
Wie lang braucht man, (um dahin zu kommen)?	Quanto tempo ci vuole (per arrivarci)?
Wie lange dauert die Busrundfahrt?	Quanto tempo dura il giro in autobus?
Wie viel kostet es?	Quanto costa?
Was kostet der Eintritt?	Quanto costa il biglietto d'ingresso?
Gibt es Ermäßigungen für *Kinder / Studenten / Senioren*?	Ci sono riduzioni per *bambini / studenti / anziani*?
Es gibt eine berühmte *Kathedrale / Altstadt*.	C'è *una celebre cattedrale / un celebre centro storico*.
Es gibt ein bekanntes *Schloss / Denkmal / Museum*.	C'è un famoso *castello / monumento / museo*.
Zurzeit findet ein Festival statt.	Attualmente si sta svolgendo un festival.
Es gibt *einen Fluss / einen Nationalpark / ein Naturschutzgebiet*.	C'è *un fiume / un parco nazionale / un'area naturale protetta*.
Es gibt Bootsausflüge *zur Insel hinaus / rund um den Hafen*.	Ci sono escursioni in barca *per l'isola / intorno al porto*.
Man kann bei Ebbe zur Insel laufen.	Con la bassa marea si può andare a piedi sull'isola.

der Prospekt = un pieghevole con numerose pagine nel quale viene presentato e pubblicizzato un determinato prodotto
der Flyer = il volantino
die Broschüre = sottile libriccino col quale si informa di qualcosa

das Schloss = palazzo fastoso
die Burg = fortezza medievale

die Ebbe = la bassa marea / *die Flut* = l'alta marea
Ebbe und Flut vengono denominate anche *die Gezeiten*.

Bene a sapersi!
In tedesco *der Führer* ha vari significati e non viene necessariamente messo in relazione con Adolf Hitler. Nel contesto delle vacanze il corrispondente abbreviato *der Fremdenführer / Reiseführer* designa da un lato una persona che accompagna i turisti a visitare le attrazioni turistiche e che gliele spiega dettagliatamente e dall'altro una pubblicazione che serve da guida per i turisti.

K

Viaggi e vacanze

44 Wellness und Erholung
Benessere e relax

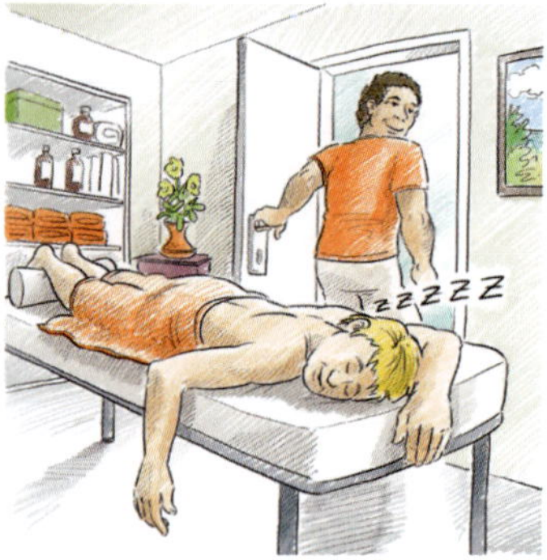

Hat das Hotel *einen Wellnessbereich / eine Sauna / ein Dampfbad / eine Infrarotkabine?*	L'albergo ha *un centro benessere / una sauna / un bagno turco / una cabina a raggi infrarossi?*
Haben Sie einen *Yoga- / Meditations*raum?	Avete una stanza per fare *yoga / meditazione?*
Gibt es ein Tages-Spa in der näheren Umgebung?	C'è un Day Spa nelle immediate vicinanze?
Welche *Massagen / Kosmetikanwendungen* bieten Sie an?	Quali *massaggi / trattamenti cosmetici* offrite?
Bieten Sie *Ayurveda- / Akupressur- / medizinische* Massagen an?	Offrite *massaggi Ayurveda / di agopressione / terapeutici?*
Der Wellnessbereich umfasst ein Schwimmbad mit beheiztem Außenbecken sowie einen *Whirlpool / Floating-Tank.*	L'area wellness comprende una piscina con vasca riscaldata all'esterno e *idromassaggio / vasca di galleggiamento.*
Werden Bademäntel und Badesandalen (kostenlos) zur Verfügung gestellt?	Gli accappatoi e le ciabatte vengono messi a disposizione (gratuitamente)?
Muss ich ein Handtuch mitbringen?	Devo portarmi un asciugamano?
Wann hat *die Sauna / der Wellnessbereich / der Pool* geöffnet?	Quando apre *la sauna / il centro benessere / la piscina?*
Muss ich einen Termin vereinbaren?	Devo fissare un appuntamento?

Il nome *Spa* deriva dalla località termale belga *Spa*. *Spa-Hotels* hanno piscine, saune, zone massaggi e altre zone per rilassarsi.

Un *Whirlpool* in tedesco è una vasca per massaggi idrici con degli ugelli dai quali esce acqua a pressione. Viene però sempre più spesso usato anche il termine *der Jacuzzi*.

Ich hätte gern *eine Pediküre / eine Maniküre / eine Fangopackung / ein Ganzkörperpeeling*.	Gradirei *una pedicure / una manicure / un fango / un peeling completo*.
Ich möchte gern das Entgiftungsprogramm buchen.	Vorrei prenotare il programma di disintossicazione.
Ich habe einen Termin für eine Massage.	Ho un appuntamento per un massaggio.
Ich habe um 11.30 Uhr einen Termin für eine *Aromatherapie / Fußreflexzonenmassage*.	Alle 11.30 ho un appuntamento per *una terapia agli aromi / un massaggio di riflessologia plantare*.
Ich habe einen Gutschein für ein Meeresalgenbad.	Ho un buono per un bagno alle alghe marine.
Gibt es auch eine Damensauna?	C'è anche una sauna riservata alle donne?
Seien Sie bitte vorsichtig, wenn Sie meinen linken Fuß behandeln.	Per cortesia, faccia attenzione nel massaggiare il mio piede sinistro.
Ich habe Muskelverspannungen im Rücken.	Ho delle tensioni muscolari alla schiena.
Ich habe Schmerzen in der rechten Schulter.	Ho dei dolori alla spalla destra.
Nach dem Yoga geht es mir immer super.	Dopo aver fatto yoga sto sempre benissimo.
Nach einer guten Massage bin ich total entspannt.	Dopo un buon massaggio sono perfettamente rilassato / rilassata.

der Termin = appuntamento fissato presso un medico o un futuro datore di lavoro ecc.
die Verabredung = incontro fissato in anticipo con amici, colleghi o clienti
das Date / Rendezvous = appuntamento romantico fra due persone

Bene a sapersi!
Se dopo uno sforzo fisico i vostri muscoli si irrigidiscono e vi fanno male, avete dolori muscolari *(der Muskelkater)*. Potete dire: *Ich habe Muskelkater.* In realtà, *der Kater* è la definizione per un gatto maschio. Utilizzando questa parola è bene tenere sempre in considerazione il contesto: *Ich habe einen Kater* non lo dicono solo i proprietari di animali, ma anche quelle persone che dopo una notte di bisbocce la mattina successiva si sentono male.

L

Al telefono

Se in Germania una persona risponde a una telefonata a casa propria (*ans Telefon gehen*), quando alza la cornetta dice di regola il suo cognome (p. e. *Müller*) e attende che la persona che chiama dica chi è e perché chiama.

Attenzione: in tedesco prima di *weil* si trova sempre una virgola.

45 Private Telefonate
Telefonate private

Hallo, hier spricht Martina aus dem Töpferkurs.	Pronto, sono Martina del corso di ceramica.
Schön, wieder von dir zu hören.	Che bello risentirti.
Das ist aber eine schöne Überraschung!	Ma che bella sorpresa!
Das ist ja lange her.	Quanto tempo è passato!
Ich habe eine ganze Weile nichts von dir gehört.	È da tanto che non avevo tue notizie.
Nun, wie geht's denn so?	Allora, come va?
Ich rufe an, weil …	Chiamo perché …
Ich würde dich gerne wieder mal treffen.	Mi farebbe piacere rivederti.
Ich wollte einfach Hallo sagen.	Volevo semplicemente farti un saluto.
Ich habe fast ein schlechtes Gewissen, weil ich mich nicht gemeldet habe.	Mi sento quasi in colpa perché non mi sono fatto vivo / fatta viva.
Kein Problem!	Ma figurati!
Hallo, ich bin's.	Ciao, sono io.
Hast du einen Moment?	Hai un attimo?
Passt es dir jetzt?	Hai tempo adesso?
Ich hoffe, ich störe nicht gerade.	Spero di non disturbarti adesso.
Ich hoffe, ich rufe nicht mitten beim Abendessen an.	Spero di non disturbare mentre state cenando.

Ist Tina da? Kann ich kurz mit ihr sprechen?	C'è Tina? Le posso parlare un momento?
Tut mir leid, sie ist nicht da. Aber du erreichst sie auf ihrem Handy.	Mi dispiace, non c'è. Ma la trovi sul cellulare.
Kannst du sie bitten, mich zurückzurufen?	Le puoi dire di richiamarmi?
Es passt im Moment nicht so gut. Kann ich zurückrufen?	È un po' difficile in questo momento. Posso richiamare?
Bis wann kann ich anrufen?	Fino a che ora posso chiamare?
Ich bin zu Hause. Kannst du mich auf dem Festnetz anrufen? Hast du die Nummer?	Sono a casa. Mi puoi chiamare sul fisso? Hai il numero?
Ich habe eine neue Handynummer.	Ho un nuovo numero di cellulare.
Mein Akku ist fast leer.	La mia batteria si sta scaricando.
Ich habe keinen besonders guten Empfang.	Non c'è molto campo.
Tut mir leid, du warst auf einmal weg.	Mi dispiace, ma improvvisamente è caduta la linea.
Ich höre dich nicht gut.	Non ti sento bene.
Ich höre dich gut. Kannst du mich hören?	Io ti sento bene. Tu mi senti?
Ich lege auf und rufe noch einmal an.	Riattacco e ti richiamo.

Un telefono mobile in Germania si chiama *das Handy* (pronuncia inglese). Nel caso di un telefono fisso si parla di *das Festnetz(telefon).*

der Akku (colloquiale) = ricaricabile
die Batterie = non ricaricabile

Bene a sapersi!
Se promettete a qualcuno di chiamarlo per telefono in un momento successivo, potete dire:
Wir telefonieren. (Ci sentiamo per telefono.)
Ich ruf(e) dich an. (Ti chiamo.)
Ich meld(e) mich bei dir. (Mi faccio sentire.)

L

Al telefono

46 Geschäftliche Telefonate

Telefonate d'affari

Guten Tag, Moosmüller AG. Wie kann ich Ihnen helfen?	Moosmüller AG, buon giorno. Posso esserLe di aiuto?
Moosmüller AG. Claudia Bauer am Apparat.	Moosmüller AG. Il mio nome è Claudia Bauer.
Hier spricht Bernd Meyer, ich rufe aus Hamburg an.	Sono Bernd Meyer, chiamo da Amburgo.
Hier ist Jörg Schmidt von der Firma Computer & Co. Wie geht's?	Sono Jörg Schmidt della ditta Computer & Co. Come va?
Kann ich bitte / Ich würde gern mit Julia Klein sprechen.	*Posso / Vorrei* parlare con Julia Klein per cortesia.
Ich stelle Sie durch.	Gliela passo.
Ist Martin da? – Einen Augenblick. Ich hole ihn.	C'è Martin? – Un momento. Glielo passo.
Ihren Namen habe ich von einer Kollegin.	Una collega mi ha fatto il Suo nome.
Ihr Unternehmen ist mir empfohlen worden.	La Sua ditta mi è stata raccomandata.
Wir haben uns auf der Messe in München kennengelernt.	Ci siamo conosciuti alla fiera di Monaco.
Was kann ich für Sie tun?	Che cosa posso fare per Lei?
Darf ich fragen, worum es geht?	Posso chiedere di che cosa si tratta?
Ich rufe wegen Ihrer letzten Bestellung an.	Chiamo per il Vostro ultimo ordine.

Mentre gli addetti al ricevimento, ai call-center o i dipendenti di una ditta generalmente si identificano con il nome dell'impresa così come con il proprio nome e cognome (*Kraft Fahrzeuge, Markus Müller am Apparat*), gli impiegati a cui è stata trasmessa la chiamata rispondono spesso solo con il cognome: *Müller*.

Attenzione alla preposizione: *anrufen* ***wegen*** *etwas*.

Ich möchte *einen Termin / ein Treffen* vereinbaren.	Vorrei fissare *un appuntamento / un incontro*.
Sind Sie (dafür) zuständig?	Lei è il / la responsabile (per questo)?
Wenn Sie einen Moment dranbleiben, finde ich jemanden, der Ihnen helfen kann.	Se resta in linea un momento, trovo qualcuno che La può aiutare.
Ich gebe Ihnen meine Nummer. Die Vorwahl ist 089 und meine Nummer ist ...	Le do il mio numero. Il prefisso è 089 e il mio numero è ...
Das habe ich leider nicht ganz mitbekommen.	Purtroppo non ho capito tutto bene.
Die Verbindung wurde leider unterbrochen.	Purtroppo è caduta la linea.
Bitte entschuldigen Sie die Verzögerung.	La prego di scusare il ritardo.
Bitte bleiben Sie am Apparat. Einer unserer Kundenberater wird Ihren Anruf gleich entgegennehmen.	Resti in linea per favore. Uno dei nostri consulenti prenderà subito la Sua chiamata.
Es ist leider etwas dazwischen gekommen. Ich muss unseren Termin *verschieben / absagen*.	Purtroppo c'è stato un imprevisto. Devo *rinviare / disdire* il nostro appuntamento.
Eine andere Sitzung fällt aus, wir könnten unser Treffen also vorziehen.	È stata cancellata un'altra riunione, quindi potremmo anticipare il nostro incontro.

Un appuntamento si può *ausmachen* o *vereinbaren* (fissare), *verschieben* (spostare) o *absagen* (disdire).

Il verbo *mitbekommen* è colloquiale e sta per *verstehen*.

Bene a sapersi!
Quando è il momento migliore per chiamare in Germania? In genere vale la regola che è preferibile non chiamare troppo presto (non prima delle 9:30) e nemmeno troppo tardi (dopo le 20). Anche intorno all'ora di pranzo il telefono preferibilmente non dovrebbe squillare. Se non siete sicuri di chiamare in un momento adeguato, potete chiedere: *Störe ich gerade?* (Disturbo?) o *Haben Sie gerade Zeit für mich?* (Ha un attimo di tempo per me?).

L

Al telefono

47 Eine Nachricht hinterlassen
Lasciare un messaggio

Frau Bergmann ist leider nicht erreichbar.	La signora Bergmann purtroppo non è raggiungibile.
Sie ist *in einer Sitzung / auf Geschäftsreise / beschäftigt / in der Mittagspause.*	È *in una riunione / in viaggio di lavoro / impegnata / in pausa pranzo.*
Sie ist nicht an ihrem Platz.	È fuori stanza.
Sie ist außer Haus.	È fuori sede.
Kann ich etwas ausrichten?	Posso lasciare detto qualcosa?
Wollen Sie eine Nachricht hinterlassen?	Vuole lasciare un messaggio?
Soll sie zurückrufen?	Deve richiamare lei?
Ja, bitte. Das wäre nett.	Sì, grazie. Sarebbe gentile.
Ich versuche es später noch einmal.	Riprovo più tardi.
Ich werde etwas schwer zu erreichen sein.	Sarà un po' difficile raggiungermi.
Ich habe (jetzt) eine Reihe von Sitzungen.	(Adesso) ho una serie di riunioni.
Um wie viel Uhr wird sie wieder da sein?	A che ora sarà di ritorno?
Sie könnten es vielleicht in einer halben Stunde versuchen.	Potrebbe riprovare magari fra mezzora.
Ich bin mir leider nicht sicher, wann sie wieder da sein wird.	Purtroppo non sono sicuro / sicura quando sarà di ritorno.

Il verbo *ausrichten* significa trasmettere un messaggio a una persona su incarico di un'altra. Se volete trasmettere i saluti a qualcuno, potete utilizzare anche questo verbo: *Mark lässt dir liebe Grüße ausrichten.*

Invece di *Um wieviel Uhr ...?* potete semplicemente domandare: *Wann ...?*

Könnten Sie ihm einfach ausrichten, dass ich angerufen habe?	Potrebbe lasciargli detto magari che ho telefonato?
Würden Sie ihn bitten, sich bei mir zu melden?	Potrebbe pregarlo di darmi un colpo di telefono?
Hat er Ihre Nummer?	Ha il Suo numero?
Ist es die Nummer hier auf meinem Display?	È il numero che vedo qui sul display?
Einen Moment. Ich muss etwas zum Schreiben holen.	Un momento. Devo prendere qualcosa da scrivere.
Gut, bitte fahren Sie fort.	Bene, prosegua pure.
Entschuldigung, war das 9609?	Mi scusi, ha detto 9609?
Entschuldigung, sagten Sie B wie Berta?	Mi scusi, ha detto B come Berta?
Kann ich das wiederholen?	Posso ripeterlo?
Dies ist die Sprachbox von Rebecca Stark. Ich bin bis zum 27. Mai verreist.	Questa è la segreteria di Rebecca Stark. Sono in viaggio fino al 27 maggio.
Hier spricht Michael Dehner mit einer Nachricht für Sandra Dhein. Könnte sie bitte ihre E-Mails ansehen und sich mit mir in Verbindung setzen?	Sono Michael Dehner e ho un messaggio per Sandra Dhein. Potrebbe guardare le sue e-mail e mettersi in contatto con me?
Hier vorsichtshalber noch einmal meine Nummer: ...	Per sicurezza ripeto il mio numero: ...
Hallo Markus, hier spricht Lisa. Ich bin bis etwa 19.00 Uhr hier.	Ciao Markus, sono Lisa. Sono qui fino alle 19 circa.

L'alfabeto per lo spelling potete trovarlo in appendice (terza di copertina posteriore).

Sui telefoni cellulari lasciate messaggi su una mailbox (*die Voicemail* o *die Sprachbox*). Se chiamate qualcuno a casa sul telefono fisso, lasciate il vostro messaggio (*eine Nachricht hinterlassen*) generalmente su una segreteria telefonica (*der Anrufbeantworter*, abbreviato: *der AB*).

Bene a sapersi!

I numeri di telefono in Germania vengono pronunciati in cifre di due in due, anche se nella lingua parlata si ha la scelta fra nominarli uno per uno o due per due:
12 34 56 78 = *eins zwei, drei vier, fünf sechs, sieben acht* o *zwölf, vierunddreißig, sechsundfünfzig, achtundsiebzig.*

L

Al telefono

48 Reservieren und bestellen
Prenotare e ordinare

Maggiori informazioni sull'uso di *reservieren* potete trovarle a pagina 71.

Attenzione alla preposizione e all'accusativo: *etwas **auf** einen Namen reservieren.*

Ich möchte einen Tisch reservieren.	Vorrei prenotare un tavolo.
Ein Tisch für vier Personen um 19.30 Uhr.	Un tavolo per quattro persone alle 19.30.
Auf welchen Namen bitte?	A che nome, per cortesia?
Wir hätten gern einen Tisch in einem ruhigen Teil des Restaurants.	Gradiremmo un tavolo in una parte tranquilla del ristorante.
Haben Sie einen Tisch draußen?	Avete un tavolo all'aperto?
Wir sind leider ausgebucht.	Purtroppo è tutto prenotato.
Das Früheste, was ich anbieten kann, ist 21.00 Uhr.	Prima delle 21 non posso offrirLe niente.
Ist wirklich gar nichts mehr frei?	Non c'è proprio più niente di libero?
Ich möchte etwas zum Essen bestellen.	Vorrei ordinare qualcosa da mangiare.
Zwei Pizza Salami, bitte.	Due pizze al salame per favore.
Die Nummer 37 und die 69, bitte.	Il numero 37 e il 69, per cortesia.
Bitte liefern Sie das Essen in die Schillerstraße 39, zu Meyer.	Per favore consegni il cibo nella Schillerstaße 39 presso Meyer.
Kann ich bitte Ihre Handynummer haben?	Mi può dare il Suo numero di cellulare, per favore?
Es dauert circa 40 Minuten. Bezahlung bei Lieferung.	Ci vogliono circa 40 minuti. Il pagamento è alla consegna.

Ich möchte ein Taxi bestellen.	Vorrei prenotare un taxi.
Für morgen früh, zum Flughafen.	Per domani mattina, per l'aeroporto.
Vier Personen und Gepäck.	Quattro persone e bagagli.
Wie lautet die Adresse?	Com'è l'indirizzo?
Wie lange werden wir voraussichtlich brauchen?	Quanto tempo ci vorrà all'incirca?
Ich möchte bis spätestens 7.15 Uhr dort sein.	Vorrei essere lì al più tardi alle 7.15.
Sie werden um 6.30 Uhr abgeholt.	Passano a prenderLa alle 6.30.
Haben Sie ein freies Zimmer für heute Nacht?	Avete una camera libera per stanotte?
Wann werden Sie in etwa ankommen?	Quando arriverà più o meno?
Zwei Karten für die 20-Uhr-Vorstellung, bitte.	Due biglietti per la rappresentazione delle venti, per piacere.
Ihr Name und Ihre Kreditkartenangaben, bitte.	Il Suo nome e i dati della Sua carta di credito, per cortesia.
Haben Sie noch Karten für heute Abend?	Avete ancora dei biglietti per stasera?
Ich habe zwei Plätze zusammen in Reihe 14 und im ersten Rang.	Ho due posti uno accanto all'altro nella fila 14 e nel primo ordine di palchi.
Wo haben wir die beste Sicht auf die *Bühne / Leinwand*?	Da dove si vede meglio *il palcoscenico / lo schermo*?
Wir nehmen die im Rang.	Prendiamo quelli nel palco.

Il verbo *bestellen* in tedesco ha significati differenti. Accanto al significato "prenotare", come in *ein Taxi bestellen*, si utilizza anche se si ordina qualcosa da un catalogo o su Internet: *neue Schuhe bestellen*.

Die Vorstellung designa sia la rappresentazione di un pezzo teatrale così come la proiezione di un film. Quando sentite questa parola, dovreste fare molta attenzione al contesto.

Bene a sapersi!
In Germania potete comprare i biglietti per il teatro o con la prevendita (*im Vorverkauf kaufen*) o prenotandoli (*reservieren*) e ritirandoli entro mezz'ora dall'inizio dello spettacolo. Acquistandoli con la prevendita in genere dovrete mettere in conto una tassa addizionale di prevendita (*die Vorverkaufsgebühr*).

M

Media e comunicazione

49 SMS und Messaging
SMS e messagini

Per facilitare l'orientamento le entrate seguenti sono riportate in ordine alfabetico. Le abbreviazioni possono anche essere utilizzate per chattare.

8ung = Achtung	attenzione
AKLA = alles klar	tutto ok
BB = bis bald	a presto
BIDUNOWA? = bist du noch wach?	sei ancora sveglio / sveglia?
BIGBEDI = bin gleich bei dir	arrivo subito
BIGLEZUHAU = bin gleich zu Hause	fra un attimo sono a casa
BRADUHI = brauchst du Hilfe?	hai bisogno di aiuto?
DAD = denke an dich	ti penso
DD = drück dich	un abbraccio
FUNZT = funktioniert	funziona
GM = guten Morgen	buongiorno
GN = gute Nacht	buona notte
GNGN! = geht nicht, gibt's nicht	non è così, non esiste
gute N8 = gute Nacht	buona notte
GVLG = ganz viele liebe Grüße	tanti cari saluti
HDL = hab dich lieb	ti voglio bene
HEGL = herzlichen Glückwunsch	auguri
ILD = ich liebe dich	ti amo
K = klar	chiaro
KK = alles klar	tutto chiaro

GVLG e *LG* (si veda la prima riga a pagina 103) possono stare alla fine di messaggi elettronici fra buoni amici.

LG = liebe Grüße	cari saluti
MAMIMA = mail mir mal	mandami un messaggio
MFG = mit freundlichen Grüßen	cordiali saluti
N8 = Nacht	notte
RUMIAN = ruf mich an	chiamami
SDEDG = schön, dass es dich gibt	bello sapere che ci sei
STIMST = stehe im Stau	sono in un ingorgo
SZ = schreib zurück	rispondi
VD! = vermisse dich!	mi manchi!
VERMINI = vergiss mich nicht	non mi dimenticare
VLG = viele liebe Grüße	tanti cari saluti
WASA = warte auf schnelle Antwort	attendo pronta risposta
WAUDI = warte auf dich	ti aspetto
WE = Wochenende	fine settimana
WOWIMAT = wollen wir uns mal treffen?	ci vogliamo vedere ?
WTEL = wir telefonieren	ci telefoniamo
ZzZ = schlafen	dormire

Mentre *Mit freundlichen Grüßen* (si veda p. 107) è molto formale, *MFG* è molto colloquiale e viene utilizzato perlopiù fra amici e colleghi.

Bene a sapersi!
Invece di *eine SMS an jemanden schicken* (inviare un SMS a qualcuno) si può utilizzare anche il verbo *simsen*. Potete dire p.e.: *Ich simse dir, wenn ich beim Zahnarzt fertig bin.* (Ti invio un sms non appena ho finito dal dentista.)
Se volete fissare un incontro con qualcuno è spesso più veloce ed efficace fare una breve chiamata che spedire avanti e indietro degli sms.

M

Media e comunicazione

50 Chatten und soziale Netzwerke
Chattare e social network

Per i sostantivi *der Chat, die (E-)Mail* e *Skype* esistono in tedesco anche i verbi corrispondenti: *chatten, mailen* e *skypen.*

In sms e chat in tedesco vengono utilizzate molte abbreviazioni inglesi. Le più importanti abbreviazioni inglesi sono elencate in ordine alfabetico su questa doppia pagina. Nel caso servisse un loro corrispettivo tedesco, lo riportiamo in corsivo.

Komm in den Facebook-Chat.	Vieni in chat su Facebook.
Willst du chatten?	Ti va di chattare?
Morgen Google-Chat?	Domani chat su google?
Poste den Artikel auf deiner Seite.	Posta l'articolo sul tuo account.
Teile diesen Link.	Condividi questo link.
Es erschien in meinem News Feed.	È apparso nel mio (news) feed.
2F4U *(zu schnell für dich)*	troppo veloce per te
2L8 *(zu spät)*	troppo tardi
4U *(für dich)*	per te
afair *(soweit ich mich erinnern kann)*	per quanto mi ricordi
AFK *(nicht am Computer)*	non sono al computer
AIS *(wie ich bereits gesagt habe)*	come ho già detto
asap *(so schnell wie möglich)*	appena possibile
B2K *(bin zurück)*	di nuovo al computer
BB *(bis bald)*	a presto
btw *(übrigens)*	a proposito
CU *(bis dann)*	a presto
DND *(bitte nicht stören)*	non disturbare
FYI *(zu deiner / Ihrer Information)*	per tua / Sua informazione

GJ *(gut gemacht)*	ben fatto
GL *(viel Glück)*	buona fortuna
J4F *(nur zum Spaß)*	solo per scherzo
JK *(war nur Spaß)*	era solo uno scherzo
LOL *(ich muss laut lachen)*	che risate
ME2 *(ich auch)*	anch'io
NP *(kein Problem)*	senza problemi
OMG *(oh mein Gott)*	Mio Dio!
PLS / PLZ *(bitte)*	per favore
Rofl *(ich wälze mich vor Lachen auf dem Boden)*	muoio dal ridere
Sry *(Entschuldigung)*	scusa / scusi
thx *(danke)*	grazie
W8 *(warte)*	aspetta
Wb *(willkommen zurück)*	bentornato / bentornata
Yaw *(gern geschehen)*	con piacere

Un superlativo di *Rofl* è *Roflmao*, col significato di "rotolarsi per terra e scompisciarsi dalle risate". Questa abbreviazione viene utilizzata quando si trova qualcosa estremamente divertente.

Bene a sapersi!
Social Network come Facebook hanno segnato in maniera decisiva la lingua tedesca e contribuito alla formazione di nuove parole:
posten = pubblicare un contributo in un forum o simili
liken = premere sull'icona del "mi piace" *(Ich habe … geliked.)*
adden = aggiungere qualcuno nella propria lista dei contatti
La pronuncia di tutti questi verbi si basa su quella inglese.

M

Media e comunicazione

51 Mailen und digitale Daten tauschen
Scrivere mail e scambiare dati digitali

Una formula di saluto particolarmente formale in lettere e e-mail è *Sehr geehrte(r)* seguita da *Herr* o *Frau* e dal cognome del destinatario.
Se il messaggio è indirizzato a una persona che si conosce e verso la quale si vorrebbe comunque mantenere una cortese distanza, come p.e. un docente o la capufficio, si può utilizzare *Liebe(r)* + *Herr / Frau* + cognome: *Liebe Frau Meier, ...* Questi messaggi gentili, anche se non così formali, possono terminare con *Herzliche Grüße* o *Beste Grüße*.

jemanden (in) CC setzen = inviare per conoscenza una copia di una e-mail a qualcuno

Sehr geehrter Herr Schmidt,	Gentile signor Schmidt,
Sehr geehrte Frau Schmidt,	Gentile signora Schmidt,
Lieber Daniel, / Liebe Jutta,	*Caro Daniel, / Cara Jutta,*
Hallo Moritz,	Ciao Moritz,
Danke für *Ihre Nachricht / Ihre E-Mail.*	Grazie per *il Suo messaggio / la Sua e-mail.*
Dies ist nur eine kurze Mail um Sie über den aktuellen Stand zu informieren.	Questa è solo una breve mail per informarLa della situazione attuale.
Ich hänge die betreffende Datei an.	Allego il file corrispondente.
Die genauen Einzelheiten sind in der angehängten PDF.	I dettagli precisi si trovano nel PDF in allegato.
Sie haben leider den Anhang vergessen.	Purtroppo ha dimenticato l'allegato.
Ich kann leider die Datei nicht öffnen.	Purtroppo non riesco ad aprire il file.
Kannst du *sie noch einmal senden / ein anderes Format probieren?*	Puoi *rispedirmelo / provare in un altro formato?*
Ich setze Anna Benz (in) CC, weil ...	Metto in copia Anna Benz perché ...
Würden Sie das bitte an alle Betroffenen weiterleiten?	La potrebbe inoltrare a tutti gli interessati?
Dies ist (streng) vertraulich.	È (strettamente) confidenziale.
Das geht nur uns beide an.	Riguarda solamente noi due.

Bitte entschuldigen Sie, dass ich erst heute antworte.	La prego di volermi scusare se rispondo solo oggi.
Ich freue mich, bald von Ihnen zu hören.	Resto in attesa di un Suo sollecito riscontro.
Bitte melden Sie sich, falls es Probleme gibt.	Non esiti a contattarmi se ci fossero problemi.
Mit freundlichen Grüßen	Cordiali saluti
Mit den besten Wünschen	Con i migliori auguri
Schau dir das auf YouTube an. Hier (ist) der Link.	Guardalo su YouTube. Ecco il link.
Das ist die Webadresse.	Questo è l'indirizzo del sito Web.
Ich lade die Fotos auf den Server hoch.	Carico le foto sul server.
Ich lege die Fotos in meine Cloud und gebe sie für dich frei.	Carico le foto sulla mia cloud e le condivido con te.
Ich habe Probleme, mich einzuloggen.	Ho problemi con il login.
Ich bekomme ständig diese Fehlermeldung.	Compare sempre questo segnale di errore.
Ist das neueste Update schon installiert?	L'ultimo update è già installato?
Hast du schon synchronisiert?	Hai già sincronizzato?

Mit freundlichen Grüßen si trova alla fine di lettere / e-mail molto formali e che iniziano con *Sehr geehrte(r)* ... Mentre dopo la formula di saluto all'inizio della lettera / dell'e-mail si trova sempre una virgola, questa viene omessa alla fine dopo la formula di congedo.

Nel vocabolario relativo al computer si trovano molte forme miste anglo-tedesche, p. e. *sich einloggen, downloaden* e *updaten.*

Bene a sapersi!!
I simboli e le abbreviazioni più usuali in indirizzi e-Mail e sul web sono:

@ = *at* (pronunciato all'inglese)	\ = *Backslash*
_ = *Unterstrich*	- = *Minus*
/ = *Schrägstrich*	. = *Punkt*

M

Media e comunicazione

52 Briefe und Karten schreiben
Scrivere lettere e cartoline

Solo se non conoscete il nome della persona alla quale vorreste indirizzare una lettera / un'e-mail, dovreste iniziare con la formula con *Sehr geehrte Damen und Herren*. In particolare nel caso di domande di lavoro si consiglia di verificare in anticipo il nome esatto del destinatario.

Gli esempi di frasi su questa pagina possono essere utilizzate anche in e-mail formali.

Sehr geehrte Damen und Herren,	Gentili signori,
Zu Händen (z. Hd.) …	All'attenzione di (all'att. di) …
Ich schreibe, um …	Scrivo per …
… mich zu erkundigen, ob …	… informarmi se …
… Ihnen für … zu danken.	… ringraziarLa per …
… zu bestätigen, dass …	… confermare che …
… Sie von … zu unterrichten.	… farLe sapere che …
… Ihnen mitzuteilen, dass ich unzufrieden mit … bin.	… comunicarLe che non sono soddisfatto / soddisfatta del …
In Bezugnahme auf unser Telefongespräch vom letzten Mittwoch …	Con riferimento alla nostra conversazione telefonica di mercoledì scorso …
Ich füge … bei.	Allego …
Ich freue mich, Ihnen sagen zu können, dass …	Mi fa piacere poterLe comunicare che …
Ich bedauere, Ihnen mitteilen zu müssen, dass …	Sono spiacente doverLe comunicare che …
Ich entschuldige mich für jegliche Unannehmlichkeiten, die Ihnen daraus entstanden sind.	Chiedo scusa per tutti gli inconvenienti causati.
Für weitere Fragen stehe ich Ihnen jederzeit gerne zur Verfügung.	Per ulteriori domande resto sempre a Sua disposizione.
Mit freundlichen Grüßen	Cordiali saluti

Grüße aus dem Schwarzwald!	Saluti dalla Foresta Nera!
Wir haben eine tolle Zeit.	Ci stiamo divertendo moltissimo.
Das Wetter ist *fantastisch / schrecklich*.	Il tempo è *fantastico / orribile*.
Der Strand ist hervorragend.	La spiaggia è meravigliosa.
Die Menschen sind wirklich freundlich.	La gente è davvero gentile.
Die Arbeit fehlt mir kein bisschen.	Il lavoro non mi manca per niente.
Wir haben viel gesehen und viel zu viel Geld ausgegeben.	Abbiamo visto molte cose e abbiamo speso troppi soldi.
Ich hoffe, bei euch ist alles in Ordnung.	Spero che stiate tutti bene.
Wir freuen uns schon auf euch, wenn wir wieder da sind.	Ci farà piacere rivedervi al nostro ritorno.
Danke noch einmal, dass du dich um *die Katze / die Pflanzen* kümmerst.	Grazie di nuovo di occuparti *del gatto / delle piante*.

Adesso la cosa si alleggerisce un po': seguono infatti espressioni per cartoline o biglietti di saluto, che naturalmente possono essere spedite anche per via elettronica.

Genieß deinen Geburtstag!	Passa un bel compleanno!
Ich wünsche dir einen schönen Tag.	Ti auguro una buona giornata!
Wir denken an dich.	Ti pensiamo.
Wir melden uns.	Ci facciamo sentire.

Espressioni standard per cartoline di saluto le trovate anche al capitolo 21. Le giuste parole per occasioni meno allegre le trovate invece al capitolo 22.

Bene a sapersi!!
L'enorme influsso dei nuovi media ha fatto sì che in tedesco anche le regole di comunicazione scritta sono diventate meno formali. Nel caso di nuovo contatti dovreste tuttavia semmai scrivere in maniera più formale che informale, per evitare delle gaffe. Se il destinatario risponde in maniera più informale, potete anche voi adottare uno stile un po' più sciolto nelle e-mail successive.

GESTI E LINGUAGGIO DEL CORPO

Le generalizzazioni sono sempre difficili e rischiose, tuttavia si può dire che il linguaggio del corpo dei tedeschi non è particolarmente esuberante o espressivo. Persone di altre culture considerano perciò i tedeschi spesso freddi e riservati.
Nonostante ciò i tedeschi ricorrono ovviamente a gesti e a un linguaggio del corpo per dare enfasi alle loro parole. Qui di seguito troverete una selezione di gesti che vi capiterà di osservare spesso quando entrerete in contatto con dei tedeschi.

Gesti ampliamente diffusi nei Paesi di lingua tedesca

Il pollice teso verso l'alto sta per: *Okay, allcs in Ordnung.* (Okay, tutto a posto.)

Se si augura a qualcuno buona fortuna *(Viel Glück!)*, si preme con l'indice e il medio di entrambe le mani sul pollice della mano corrispondente. Oltre a fare questo gesto o al suo posto si può dire: *Ich drücke dir die Daumen.* (Incrocio le dita.)

Questo gesto si utilizza per segnalare che si sta facendo una stima approssimativa di qualcosa. Si accompagna con l'espressione: *Pi mal Daumen.*

Quando i tedeschi considerano qualcuno un po' matto, si battono con l'indice sulla tempia *(jemandem den Vogel zeigen)* e dicono: *Spinnst du?* (Sei matto?) o *Du spinnst ja wohl. / Du hast wohl einen Vogel.* (Dai i numeri. / Sei fuori di testa.)

Quando i tedeschi non sanno qualcosa, lo fanno capire sollevando le spalle. Spesso il gesto viene accompagnato dall'espressione: *Keine Ahnung.* (Non ho idea.) o *Weiß ich leider nicht.* (Purtroppo non lo so.)

IL *DU* FAMILIARE E IL *SIE* CORTESE

In tedesco alle persone che non si conoscono particolarmente bene e alle quali ci si vuole presentare in maniera rispettosa e cortese, ci si rivolge dando del *Sie*. La forma del *Sie* viene utilizzata anche in certe situazioni, p.e. nell'esercito, per mantenere le distanze. In fondo risulta meno probabile poter dire *Sie Idiot* che *du Idiot*. Il *Sie* formale si scrive sempre con la maiuscola.

Fra familiari, amici, compagni di scuola o di università e spesso anche fra colleghi domina il familiare *du*. Nelle lettere e nelle e-mail il *du* viene di regola scritto minuscolo. Alle persone a cui si dà del Lei, ci si rivolge perlopiù con *Herr / Frau* + cognome. Alle persone cui si dà del tu ci si rivolge di regola con il nome. Capita tuttavia di sentire sempre più spesso una combinazione delle due forme, p.e.: *Martina, kann ich Sie etwas fragen?*

La forma del *Sie* può essere formata in maniera relativamente facile. È infatti identica alla forma dell'infinito di ogni verbo, esattamente come viene riportata come prima entrata nei dizionari.

La forma del *du* è un po' più complicata poiché non si forma sempre in maniera regolare. Come desinenza si aggiunge sempre un *-st* alla radice del verbo, anche se talvolta si modifica la vocale radicale. In modo che possiate formare correttamente delle frasi nella forma del *du*, a mo' di piccolo aiuto, troverete su questa pagina una breve sintesi dei più importanti verbi irregolari del vocabolario di base del tedesco nella forma del *du*.

Cambiamento vocalico e → i			**Cambiamento vocalico a → ä**			**Cambiamento vocalico irregolare**		
essen	→	du isst	fahren	→	du fährst	dürfen	→	du darfst
geben	→	du gibst	fallen	→	du fällst	können	→	du kannst
helfen	→	du hilfst	fangen	→	du fängst	mögen	→	du magst
lesen	→	du liest	laufen	→	du läufst	müssen	→	du musst
nehmen	→	du nimmst	schlafen	→	du schläfst	sein	→	du bist
sehen	→	du siehst	schlagen	→	du schlägst	wollen	→	du willst
sprechen	→	du sprichst	waschen	→	du wäschst			